中国近现代稀见史料丛刊【第三辑】

张剑 徐雁平 彭国忠 主编

吴大澂书信四种

吴大澂 著

陆德富 张晓川 整理

凤凰出版社

图书在版编目（CIP）数据

吴大澂书信四种 / 吴大澂著 ; 陆德富, 张晓川整理
-- 南京 : 凤凰出版社, 2016.9（2019.11重印）
（中国近现代稀见史料丛刊. 第三辑）
ISBN 978-7-5506-2420-7

Ⅰ. ①吴… Ⅱ. ①吴… ②陆… ③张… Ⅲ. ①吴大澂（1835-1902）—书信集 Ⅳ. ①K825.72

中国版本图书馆CIP数据核字(2016)第188945号

书　　名	吴大澂书信四种
著　　者	吴大澂 著　陆德富　张晓川 整理
责任编辑	樊　昕
出版发行	凤凰出版社(原江苏古籍出版社) 发行部电话025-83223462
出版社地址	南京市中央路165号,邮编:210009
出版社网址	http://www.fhcbs.com
照　　排	南京凯建图文制作有限公司
印　　刷	苏州市越洋印刷有限公司 苏州市吴中区南官渡路20号,邮编:215104
开　　本	880×1230毫米　1/32
印　　张	7.125
字　　数	185千字
版　　次	2016年9月第1版　2019年11月第2次印刷
标准书号	ISBN 978-7-5506-2420-7
定　　价	36.00元

（本书凡印装错误可向承印厂调换,电话:0512-68180638）

袁行霈先生题辞

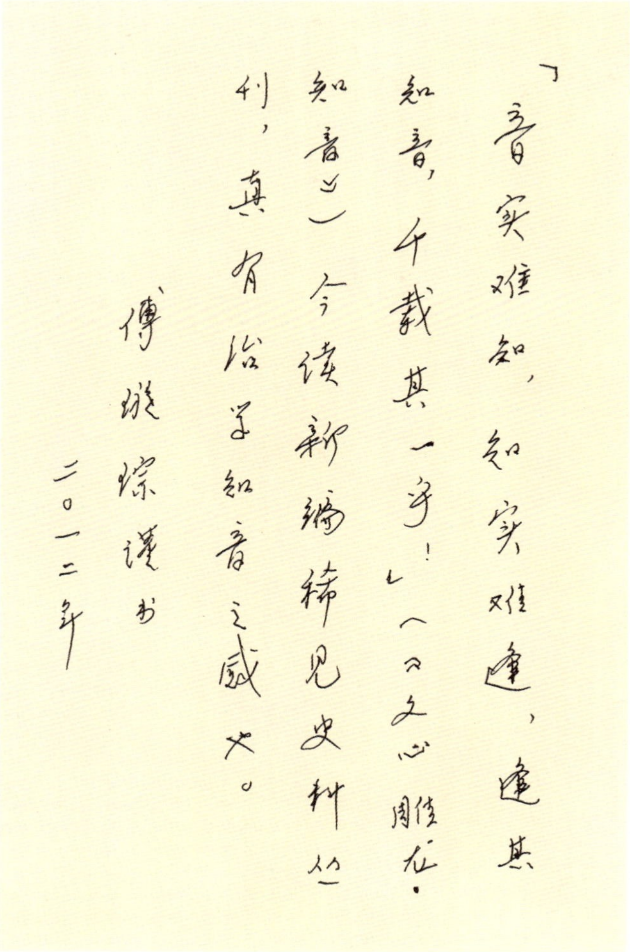

「音实难知，知实难逢，逢其知音，千载其一乎！」（《文心雕龙·知音》）今读新编稀见史料丛刊，真有治学知音之感也。

傅璇琮谨书

二〇一二年

傅璇琮先生题辞

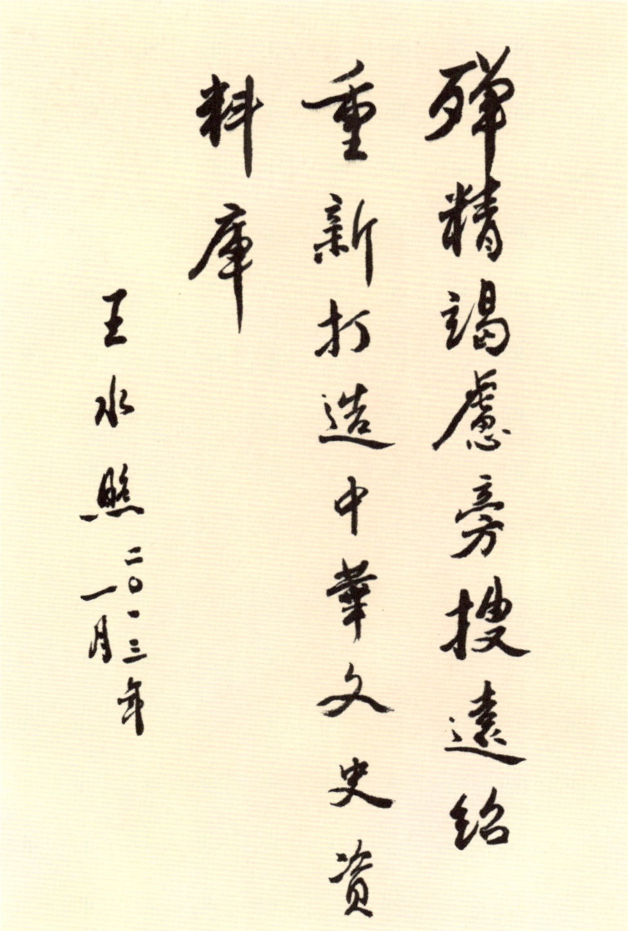

王水照先生题辞

吴大澂（1835–1902）

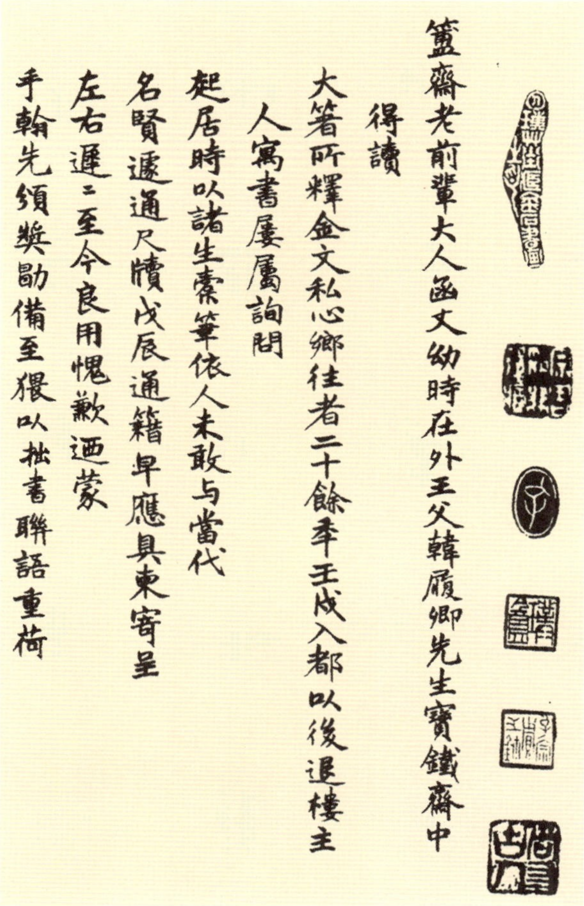

簠齋老前輩大人函丈幼時在外王父韓履卿先生寶鐵齋中
得讀
大箸所釋金文私心鄉往者二十餘秊壬戌入都以後退樓主
人寫書屢屬詢問
起居時以諸生橐筆依人未敢与當代
名賢遽通尺牘戊辰通籍早應具柬寄呈
左右遲遲至今良用愧歉迺蒙
手翰先頒奬勵備至猥以拙書聯語重荷

致陈介祺一

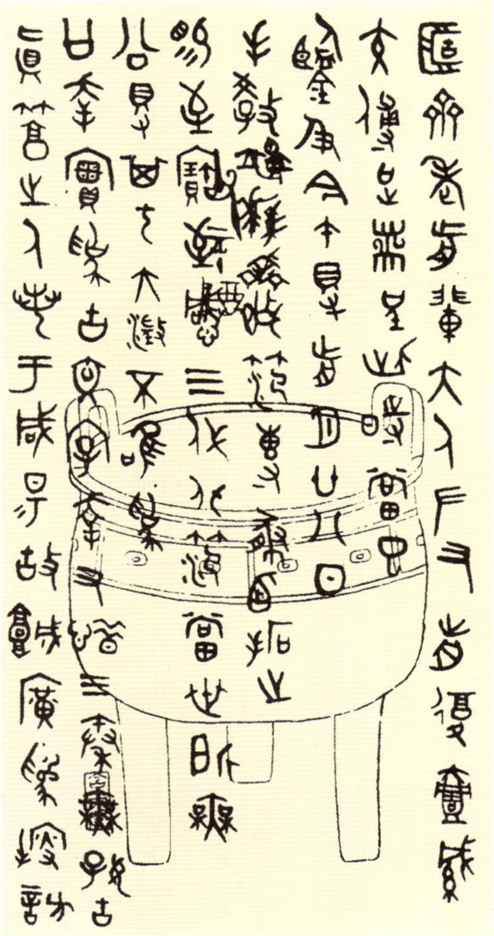

致陈介祺二

《中国近现代稀见史料丛刊》总序

在世界所有的文明中，中华文明也许可说是“唯一从古代存留至今的文明”（罗素《中国问题》）。她绵延不绝、永葆生机的秘诀何在？袁行霈先生做过很好的总结：“和平、和谐、包容、开明、革新、开放，就是回顾中华文明史所得到的主要启示。凡是大体上处于这种状况的时候，文明就繁荣发展，而当与之背离的时候，文明就会减慢发展的速度甚至停滞不前。”（《中华文明的历史启示》，《北京大学学报》2007年第1期）

但我们也要清醒看到，数千年的中华文明带给我们的并不全是积极遗产，其长时段积累而成的生活方式与价值观具有强大的稳定性，使她在应对挑战时所做的必要革新与转变，相比他者往往显得迟缓和沉重。即使是面对佛教这种柔性的文化进入，也是历经数百年之久才使之彻底完成中国化，成为中华文明的一部分；更不用说遭逢“数千年来未有之变局”、“数千年未有之强敌”（李鸿章《筹议海防折》），“数千年未有之巨劫奇变”（陈寅恪《王观堂先生挽词序》）的中国近现代。晚清至今虽历一百六十余年，但是，足以应对当今世界全方位挑战的新型中华文明还没能最终形成，变动和融合仍在进行。1998年6月17日，美国三位前总统（布什、卡特、福特）和二十四位前国务卿、前财政部长、前国防部长、前国家安全顾问致信国会称：“中国注定要在21世纪中成为一个伟大的经济和政治强国。”（徐中约著《中国近代史》上册第六版英文版序，香港中文大学2002年版）即便如此，我们也不能盲目乐观，认为中华文明已经转型成功，相反，中华文明今天面对的挑战更为复杂和严峻。新型的中华文明到底会怎样呈现，又怎样具体表现或作用于政治、经济、文化等层面，人们还在不断探索。这个问题，我们这一代恐怕无法给出答案。但我们坚信，在历史上曾经灿烂辉煌的中华文明必将凤凰浴火，涅槃重生。这既是数千年已经存在的中华文明发展史告诉我们的经验事实，也是所有为中国文化所化之人应有的信念和责任。

不过，对于近现代这一涉及当代中国合法性的重要历史阶段，我们了解得还过于粗线条。她所遗存下来的史料范围广阔，内容复杂，且有数量庞大且富有价值的稀见史料未被发掘和利用，这不仅会影响到我们对这段历史的全面了解和规律性认识，也会影响到今天中国新型文明和现代化建设对它的科学借鉴。有一则印度谚语如是说："骑在树枝上锯树枝的时候，千万不要锯自己骑着的那一根。"那么，就让我们用自己的专业知识与能力，为承载和养育我们的中华文明做一点有益的事情——这是我们编纂这套《中国近现代稀见史料丛刊》的初衷。

书名中的"近现代"，主要指 1840—1949 年这一时段，但上限并非以一标志性的事件一刀切割，可以适当向前延展，然与所指较为宽泛的包含整个清朝的"近代中国"、"晚期中华帝国"又有所区分。将近现代连为一体，并有意淡化起始的界限，是想表达一种历史的整体观。我们观看社会发展变革的波澜，当然要回看波澜如何生，风从何处来；也要看波澜如何扩散，或为涟漪，或为浪涛。个人的生活记录，与大历史相比，更多地显现出生活的连续。变局中的个体，经历的可能是渐变。《丛刊》期望通过整合多种稀见史料，以个体陈述的方式，从生活、文化、风习、人情等多个层面，重现具有连续性的近现代中国社会。

书名中的"稀见"，只是相对而言。因为随着时代与科技的进步，越来越多的珍本秘籍经影印或数字化方式处理后，真身虽仍"稀见"，化身却成为"可见"。但是，高昂的定价、难辨的字迹、未经标点的文本，仍使其处于专业研究的小众阅读状态。况且尚有大量未被影印或数字化的文献，或流传较少，或未被整合，也造成阅读和利用的不便。因此，《丛刊》侧重选择未被纳入电子数据库的文献，尤欢迎整理那些辨识困难、断句费力、裒合不易或是其他具有难度和挑战性的文献，也欢迎整理那些确有价值但被人们习见思维与眼光所遮蔽的文献，在我们看来，这些文献都可属于“稀见”。

书名中的“史料”，不局限于严格意义上的历史学范畴，举凡日记、书信、奏牍、笔记、诗文集、诗话、词话乃至序跋汇编等，只要是某方面能够反映时代政治、经济、文化特色以及人物生平、思想、性情的文献，都在考虑之列。我们的目的，是想以切实的工作，促进处于秘藏、边缘、零散等状态的史料转化为新型的文献，通过一辑、二辑、三辑……这样的累积性整理，自然地呈现出一种规模与气象，与其他已经整理出版的文献相互关联，形成一个丰茂的文献群，从而揭示在宏大的中国近现代叙事背后，还有很多未被打量过的局部、日常与细节；在主流周边或更远处，还有富于变化的细小溪流；甚至在主流中，还有漩涡，在边缘，还有静止之水。近现代中国是大变革、大痛苦的时代，身处变局中的个体接物处事的伸屈、所思所想的起落，藉纸墨得以留存，这是一个时代的个人记录。此中有文学、文化、生活；也时有动乱、战争、革命。我们整理史料，是提供一种俯首细看的方式，或者一种贴近近现代社会和文化的文本。当然，对这些个人印记明显的史料，也要客观地看待其价值，需要与其他史料联系和比照阅读，减少因个人视角、立场或叙述体裁带来的偏差。

知识皆有其价值和魅力，知识分子也应具有价值关怀和理想追求。清人舒位诗云“名士十年无赖贼”（《金谷园故址》），我们警惕袖手空谈，傲慢指点江山；鲁迅先生诗云“我以我血荐轩辕”（《自题小像》），我们愿意埋头苦干，逐步趋近理想。我们没有奢望这套《丛刊》产生宏大的效果，只是盼望所做的一切，能融合于前贤时彦所做的贡献之中，共同为中华文明的成功转型，适当“缩短和减轻分娩的痛苦”

（马克思《资本论》第一卷第一版序言）。

《丛刊》的编纂，得到了诸多前辈、时贤和出版社的大力扶植。袁行霈先生、傅璇琮先生、王水照先生题辞勖勉，周勋初先生来信鼓励，凤凰出版社姜小青总编辑赋予信任，刘跃进先生还慷慨同意将其列入“中华文学史史料学会”重大规划项目，学界其他友好也多有不同形式的帮助……这些，都增添了我们做好这套《丛刊》的信心。必须一提的是，《丛刊》原拟主编四人（张剑、张晖、徐雁平、彭国忠），每位主编负责一辑，周而复始，滚动发展，原计划由张晖负责第四辑，但他尚未正式投入工作即于2013年3月15日赍志而殁，令人抱恨终天，我们将以兢兢业业的工作表达对他的怀念。

《丛刊》的基本整理方式为简体横排和标点（鼓励必要的校释），以期更广泛地传播知识、更好地服务社会。希望我们的工作，得到更多朋友的理解和支持。

2013年4月15日

目　录

前　言

吴大澂(1835—1902),江苏苏州人,原名大淳,为避同治皇帝(载淳)之讳,改名大澂,字止敬、清卿,号恒轩,后得周代彝器愙鼎,甚宝爱之,取号愙斋,并以此行世。

吴大澂于道光十五年(1835)五月十一日,出生在苏州府城的双林巷。江南本是明清两代文风最盛之地,江苏巡抚驻地的苏州更是如此。晚清时期,苏州有潘、翁两家,仕途科名俱盛,与吴大澂差不多同年纪者,即有潘祖荫为咸丰二年(1852)壬子恩科探花,历官各部尚书,翁同龢咸丰六年(1856)丙辰科状元,官至协办大学士,两人科考跻身一甲,为官并入军机。在如此氛围之中,吴大澂亦选择了读书科考入仕这样的人生道路,他在同治七年(1868)中进士,为戊辰科洪钧一榜二甲第五名,同榜的有张人骏、许景澄、联元等。在次日的朝考中,又被选入翰林院为庶吉士。

同治十年(1871)散馆后,吴大澂任翰林院编修,不过他究心时务,并没有在京做一个太平词臣,而是协助时任直隶总督的李鸿章救济直隶遭受水灾之民(吴、李之交始于李鸿章任江苏巡抚时)。十二年,奉旨派充陕甘学政,结识了正在西北平叛的陕甘总督左宗棠。任满后,光绪三年(1877),恰逢华北大旱,是为丁戊奇荒,遂为李鸿章奏调办理赈务,往返山西直隶间,受时任山西巡抚的曾国荃赏识,故而奏保其加五品衔。期间,左宗棠也希望奏调吴大澂帮办西征大军相关事务,不过并未成行。四年末吴大澂出任河南河北道员,协助河道总督办理河工。六年,得赏三品卿衔,前往吉林随同吉林将军铭安,帮办边务。赴吉后，吴大澂渐独当一面。他不顾天寒地冻，足迹遍布当日吉林（与今日行政区划吉林省不同）全境，主持练军的编练，收服作乱已久的马贼，派人招徕山东半岛农民垦荒东北，与俄国进行边界交涉，尤其是开办吉林机器局及附属的表正书院，为东北工业化进程之嚆矢。十年（1884），中法关系因越南事而紧张，吴大澂奏请带队前往广西前线，未允，受命会办北洋军务，率练军驻扎直隶各地，协助防御京津地区。旋又因朝鲜发生甲申兵变，入朝与日方交涉，稳定局面。十二年底，吴大澂补授广东巡抚，十四年，署理河东河道总督，以"塞门德土"即水泥补固堤坝，郑工得以合拢，故实授河道总督，绘三省河道全图以进。十八年，丁忧期满，补授湖南巡抚，任上与湖南前贤王闿运、王先谦等多有往还。二十年（1894），中日战事起，吴大澂再次请缨，愿率湘军北上作战，时枢廷及朝野舆论有以湘代淮之思，吴又有朝鲜及军旅经历，故准。二十一年初，吴大澂率湘军二十余营出关，此时日军已盘踞辽东，中方湘、淮、东北练军麇集，群龙无首，仓促进攻未果，反失营口、田庄台等地，湘军溃散。吴大澂因战败革职留任，旋开缺回籍。返乡后，吴大澂以书画、金石颐养，并任上海龙门书院山长。二十四年（1898），受戊戌政变牵连，被革职，永不叙用。二十八年（1902）正月，吴大澂病殁家中。

吴大澂一生，由科举而仕宦，且勇于任事，故而履历丰富。早年，即以翰林院编修身份，上疏议西人觐见同治皇帝事。至身膺封疆，仍不顾慈禧之忌讳，奏言当尊崇光绪本生父醇亲王之典礼尊号，并因此明升实降，负责河工事宜。不过吴大澂亦非仅以书生议论为务，赈灾、河工活民，造福百姓；垦拓、移民实边，勘定疆界；创吉林机器局，参与电报建设，皆其办理洋务之实效。更以文臣典兵，考究行伍技法，撰《枪法准绳》，连淮军宿将周盛传都深感佩服。甲申、甲午二役，毅然请战，终不能挽狂澜于既倒，究可谓尽忠臣之本分。政事之外，吴大澂受晚清金石学影响，富于收藏，《愙斋集古录》被誉为当日"最著者"，然而他并不满足于供诸斋堂，把玩自娱，而是借兹研究器物，考订文字，著成专书。顾颉刚在总结百年中国史学时，专门提到吴大澂的《说文古籀补》一书，言此书极“矜慎”，以彝器铭文补《说文》，多有匡正，且为中国的古文字研究摆脱《说文》过度束缚，走向现代意义的古文字学打下了基础。吴大澂的时代，政事、学问皆非能闭门造车，一力承担者。政事向来需要商量协作，晚清变局中办理洋务等多须借助各方之力，自不难理解。学问也需通声气相补益，尤其是金石发见，可遇不可求，更要互通有无，以拓片描摹寄送，反复讨论，实际上形成了金石学的小共同体。故而，书札史料尤为重要，从中可获得其他材料所不详乃至所不及的信息。

此次整理吴大澂书札，共有四种，专书三种：《吴窸斋大澂尺牍》（文史哲出版社，1983 年）、《窸斋赤牍》（商务印书馆，1922 年）、《吴大澂手札》（上海书画出版社，2007 年），分别是吴大澂给陈介祺、王懿荣和徐熙的书信与手札。最后一种为中国社会科学院近代史研究所收藏的书信，收录在《近代史所藏清代名人稿本抄本·吴大澂档》，为吴大澂在吉林期间给李鸿章、依克唐阿、铭安等人的书信。

私人信函往来，无公开宣示之虞，多能畅所欲言，即有埋怨牢骚，皆可直抒胸臆。比如吴大澂在给王懿荣的信中，多谈金石之学，时有对潘祖荫的怨言，首先是潘以前辈自居，给吴下达任务，应接不暇：

> 司农既命绘爵，又属写盂鼎释文，又欲招往剔卣，一日数差，兄实无此健腕，不比扐未有求于司农，终日奔走而不辞，兄则自吃自饭，何苦乃尔，只得贪懒矣。顷又属篆印文，已应一差，亦可告无罪乎？司农致吾弟书，想必有见怪语也。

吴大澂苦于应付，又自觉并非如赵之谦攀附有求，不免心生不满。其次，对于潘司农的鉴古眼力亦不表示认可：

> 司农商镈，寿老已不以为然，亦恐为退楼所訾议，款识中又

> 不能不列，吾辈亦无如何耳。

盖因潘祖荫所得商镈，陈介祺识为伪，但碍于情面，吴大澂只得列于款识之中。

书信相对更为私人化，所言所书并无拘束，涉及内容繁多，吴大澂给陈介祺的信中主要也是谈金石之学，但不时言及手边处理的政事，因簠斋非公门中人，议论更可无顾忌。在直隶赈灾时，吴大澂查得河间府吴桥县令吴积鋆荒于政事，上报直隶总督李鸿章，李鸿章接到汇报后，帮吴积鋆说了一通好话，称其为范梁（浙江钱塘人，号楣孙，曾在直隶任知县、道员）所赏识，年富力强，似还有惩前毖后，将功赎罪之希望，只是将之摘去顶戴革职留任。吴大澂并不满意，认为这样对于振兴吏治，救助灾民毫无补益，当然此番表态不会公开发表，而是见诸给陈介祺的信中：

> 惟吴桥户口未查，竟无急就之法，该令专以公牍文字见长，一味粉饰，从未下乡亲查一次，粮到不发，玩视民瘼，殊堪发指。虽经摘顶，勒限严催，恐亦无补于事矣。

关于练兵置器，吴大澂自认颇有心得，在吉林期间，他与李鸿章、朝中友人宝廷及下属管带戴宗骞等人的书信中经常提及武备训练之事。即便在给与此毫不相关的陈介祺书信中也常常谈及，他不厌其烦地总结各种枪炮利钝，操练之心法，怕陈老前辈不能理解，还要以“文字尚古，器用尚新”等来进行说明，并表露心迹，将枪炮、钟鼎之爱好，等夷视之：

> 大澂好之甚笃之，知之渐深，几等于三代彝器之好。

从此也可得知，吴大澂并非叶公好龙纸上谈兵，强充文武双全，盖因在陈介祺面前，他完全不必惺惺作态于兵事，而乃真究心于此，深切琢磨之。

当然，吴大澂的书信，对于勾勒晚清金石学的演进与推动，更有极大的史料价值。吴大澂任陕甘学政期间，视学之余，不忘搜罗金石碑版：

> 輶车所历，亦时策骑荒郊，流连古道，偶访汉唐碑碣，以弇山尚书《金石记》所载，按图而索。

荒郊古道，仆从数人，在他人看来，或许还别是一道风景。不过，亲赴石门访碑的情形，就大不相同了：

> 同治甲戌十月之望，汉中试事毕，翌日策马至褒城。自龙王庙渡口泛舟而上，行里许，风甚湍急，挽索不前，篙师有难色。舍舟而徒，由东岸石坡，逦迤至白石土地庙，山径纡仄，崖谷峻险，距石门尚数里也。遇樵子导之下，折而南，又折而北，荆榛塞路，山石荦确，小憩玉盆石下，观宋人题名。循江北行，崎岖益甚，从者裹足，过一点油，石壁立数仞，下临深渊，山穷路绝，裵回久之。

其风之急，其水之湍，其路之纡，其岸之险，今日读来，仍不免为之心悸，这就见得他确是“好古真笃”之人。当时喜好搜罗金石的人不少，但像他有机会实地踏勘且愿意花大力气的却不多。

吴大澂悉心访得的金石碑版，经工人制成拓片，函寄给陈介祺、潘祖荫、王懿荣等人。陕甘学政的衙署，俨然成了金石拓片的来源之所。这些金石拓片，或取自新见之器，或为旧刻新拓，不但为同好们提供了新的金石文字材料，而且还提供了同一文字资料的更好的拓本。

书札当中反映出的吴大澂在古文字释读方面的成就，也颇能代表彼时金石学研究的水平。比如吴氏在致陈介祺的书札中,通过联系《说文》所记载的“酱”字的古文写法,正确地释读出了燕国官玺中的一方“将军之鉨”。在另一通致陈介祺的书札中,吴大澂又释出了燕国古玺中的“都”字。此字习见于燕国官玺,缀连于地名之后,相当于县一级的地方行政组织。“都”的正确释读,对认识战国时期燕国的地方行政制度较为重要。如此等等,不一而足。

细心阅读,吴大澂的书信甚至对于晚清地方社会和生活史细节,也有一定的补充。比如他在给陈介祺的信中说:

> 珲春不用圆泉,以化(货)易化(货),抱布为市,间用白金,称物平施,竟不知五铢、半两为何用,真是三代以前之世界。日内拟往三姓设防,由松花江顺流而下,扁舟如叶,有柁无帆,质朴可笑。三姓以东,即赫哲部落,其地专以渔猎为生,有白首未尝菽麦者。

从中可见汉民大量充实东三省边境地区之前,当地保留的不少较为原始的状态。又如他在给军官崔廷桂的信中,称赞哈乞开思(Hotchkiss)步枪之精准,竟以“洋表之有播威”(Bovet,瑞士名表品牌)为喻,亦可作为西洋钟表东渐普及化的重要材料。当然,史料之运用,关乎史识之高低,视野之广狭,想必方家之解读利用吴大澂书信材料,功力及敏锐程度远胜整理者者,无需班门弄斧,之所以哓哓不休,全为表明吴氏这批书信确有整理注释,以飨读者之必要。

吴大澂书信四种,皆为影印出版,尤其是给陈介祺的《吴愙斋大澂尺牍》字迹稍难辨认,多与信笺印花背景重叠,且多封手札以篆书写成,不便读者,所以此次整理,篆书加以隶定,异体字改为通行字,通假字加以注释。辨认不清的字迹,以□表示。因书信中金石学术语、当日人物别称、通用语汇较多,故皆加以必要的注释,便于理解和阅读。

本次整理由杭州师范大学陆德富与四川师范大学张晓川共同完成。在整理过程中先后得到了张军、王文舒、金小燕、孙卓君、林峰、洪晨娜的协助。另外，华东师范大学的彭国忠老师和凤凰出版社的樊昕编辑对本书的出版也倾注了大量心血，特此感谢。

整理者于 2015 年 12 月 19 日

吴窸斋大澂尺牍

一

簠斋[1]老前辈大人函丈：

幼时在外王父韩履卿先生宝铁斋[2]中，得读大著所释金文，私心乡往者二十余年。壬戌入都[3]以后，退楼主人[4]寓书屡属询问起居，时以诸生橐笔依人[5]，未敢与当代名贤遽通尺牍。戊辰通籍[6]，早应具柬寄呈左右，迟迟至今，良用愧歉。乃蒙手翰先颁，奖勖备至，猥以拙书联语重荷宠褒，益令惭惶无地。伏审履动康虔，眉寿绰绾，经义兼汉宋之学，文章补欧赵之遗[7]，余均[8]流风，后生宗仰，沾匄所及，企

---

① 簠斋：陈介祺(1813—1884)，字寿卿，号簠斋。山东潍县(今山东潍坊)人，道光二十五年(1845)进士，官至翰林编修。嗜古器文物，凡铜器、玺印、石刻、陶瓦、造像等靡不搜集，尤精于鉴赏，著有《簠斋传古别录》《簠斋藏古目》《簠斋藏古册目并题记》《簠斋藏镜全目钞本》《簠斋吉金录》《十钟山房印举》《簠斋藏古印玉谱》《封泥考略》(与吴式芬合辑)等金石学著作。

② 韩履卿：即韩崇(1783—1860)，字履卿，江苏元和人，吴大澂之外祖父。宝铁斋：韩崇家中藏金石书画等之室名。

③ 壬戌入都：壬戌年即同治元年(1862)，此年五月吴大澂与表弟汪鸣銮赴北京参加顺天乡试。

④ 退楼主人：吴云(1811—1883)，清代金石家、书画家、藏书家。字少甫，号平斋，晚号退楼，又号愉庭。著有《两罍轩彝器图释》《古铜印存》《二百兰亭斋金石记》《古官印考》等。

⑤ 以诸生橐笔依人：诸生，指获得秀才功名的生员，橐笔，即刀笔小吏，指吴大澂科场得意之前的时期。

⑥ 戊辰通籍：戊辰年，即同治七年(1868)，戊辰通籍指此年吴大澂中进士，二甲第五名，入翰林院为庶吉士。

⑦ 欧、赵：欧阳修、赵明诚。

⑧ 均：通“韵”。

抃莫名。承惠汉画石刻二纸，尊臧[1]金文廿种，毡蜡具精，球琳等重，快资眼福，感切心铭。晚谬以菲材忝司教铎，问邠、岐之风土，揽丰、镐之人文[2]，輶车所历，亦时策骑荒郊，流连古道，偶访汉唐碑碣，以弇山尚书《金石记》[3]所载，按图而索，十不存五。自遭回劫[4]，古刻销磨不少。按临郡邑[5]，有司呈送碑拓类多常品，纸墨粗恶，不足以呈鉴赏。《沙南侯获》刻石及《敦煌》《仓颉》《石门颂》各种，当觅良工精拓，陆续寄呈。手复鸣谢，敬请道安。临颖无任依驰之至。晚生吴大澂顿首。腊月十八日。

秋间出都时，匆匆未及肃函。曾以拙作释文二篇并敝臧吉金拓本数种，先后托子年丈[6]邮呈雅鉴，计早达到。十月下旬，由袁宫詹[7]

---

① 臧：通“藏”。

② “晚谬以菲材忝司教铎”一句指吴大澂于同治十三年（1874）担任陕甘学政。

③ 弇山尚书：毕沅（1730—1797），字纕蘅，一字秋帆，号弇山，自号灵岩山人，曾任陕甘、湖广总督，带兵部尚书衔，故称弇山尚书。《金石记》：毕沅所编有《关中金石记》《中州金石记》《山左金石志》《三楚金石志》《两浙金石志》等书。此处当指《关中金石记》。

④ 回劫：时人对回民起义的称呼。

⑤ 按临郡邑：巡视各府州县，清代学政需巡视省内各府州，组织考试。

⑥ 子年丈：鲍康（1810—1881），字子年，号臆园，安徽歙县人。以内阁中书，官至四川夔州知府。生平癖嗜泉币。在京师，与吕佺孙尧仙、李佐贤竹朋、刘师陆青园诸人有同好，弆藏甚富，多前人所未见。流寓秦中时，与刘燕庭晨夕过从，互出所藏相质证。著《泉说》《续泉说》各一卷。并裒其金石题跋成《观古阁丛稿》初、二、三集若干卷。

⑦ 袁宫詹：即袁保恒（1826—1878），字小午，河南项城人。同治十一年（1872），为詹事府少詹事，詹事府原为东宫太子官，故名“宫詹”。清代康熙之后，实行秘密立储，詹事府无其事，仅成为官员转迁之一站。

处递到惠缄，适值出棚[1]按试凤翔，次及乾、邠二州。所订幕友[2]均尚未来，仅偕襄校二人黾勉从事。两月以来几无片刻之暇，又以行箧所携各器均须手拓奉寄，是以作答久稽，至深歉仄。青门市肆，罗列彝鼎，大半伪刻，无可搜罗，仅购得卣一、汉竟[3]二。卣器完整，字亦精爽，惜底盖只六字，无制器人名，器内上半截红翠斑斓，下半截净无纤翳，色泽如黄金，盖中微露铜质处亦作金色，想此器出土不久，未经俗工磨蜡。尝谓三代彝器，只取其器真、字真，皆可宝贵，只恐市侩妄凿款识，此器便毁。好古者弗加深考，贻误后人，滥登著录，强为索解，阮、吴[4]诸书，皆所不免。如老前辈鉴别之精，考证之确，收臧之富，殆古今所罕见。大澂有所见闻及向来蓄疑未能冰释之处，必罗举以奉质，尚求从直指示，勿吝教诲，何幸如之。附呈宝卣、妇庚卣拓各二，遣父甲卣盖拓二，芮公鬲拓二，木父丁爵拓二，辟雍明堂镜拓、王氏镜拓、尚方镜拓各一。前在华岳庙一宿，倩工拓取汉碑阴残石，纸墨都不能精，检寄四分，知不足供清赏，聊博一哂，以备分贻同好。如有续得，俟后再呈。敬颂春福。晚大澂再拜。

二

簠斋老前辈大人函丈：

日前泐复寸笺，适因岁事峥嵘[5]，尚未封发。除夕接奉子年丈书，展读冬月望日手教，详示种种，并蒙惠寄金文廿五纸，延光残石精

---

① 出棚：清代学政巡视各府州组织考试，因当地需设立考棚，故又称“出棚”。下文说到的凤翔、乾州、邠州即组织考试之地。

② 幕友：即清代官员幕府中罗致的师爷。

③ 竟：通“镜”。

④ 阮、吴：即阮元、吴荣光。

⑤ 岁事：年关事务。

拓一纸，至感至感。审定平安君鼎为梁器[1]，尤至精确。筠清馆[2]所载东武李氏器有[3]字，有字[4]。尊臧一鼎有[5]字，上官字，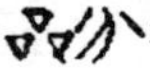字[6]。虎臣方伯[7]臧器弟[8]四字疑亦字，旁有一直或竟是水旁，末有字[9]，与敝臧一鼎为一人所作。文刻两面，一卅三年一卅二年，“二”下并无泐画，之当即“四分”二字连文，疑即“五溢”，秦以一溢为一金，汉以一斤为一金，见《史记》注，上官宰喜下“”字疑即字，“”二字本为青绿所掩，大澂以细针剔出，下并无泐痕，当是“官”字，另拓四分奉上，乞再审示[10]。师坴父鼎、盠扊鼎、唐子且乙爵皆刘氏物[11]。阳识父癸爵、子孙父癸爵皆自厂肆得之，未知所出。加作父戊两爵同文，字在流内，非叶非刘，自京师巨

---

[1] 此处所说的“平安君鼎”为战国时期的三十二年平安君鼎，著录在《殷周金文集成》2764号。此鼎乃吴大澂旧藏，现藏于上海博物馆。

[2] 筠清馆：即吴荣光所著《筠清馆金石录》。

[3] 即“梁”字，指魏国。

[4] 即“容四分”，指容量。

[5] 即“梁”字。

[6] 即“容三分”。

[7] 虎臣方伯：长赓，字笏臣，同治十三年署山东布政使。方伯，原指一方诸侯，清代乃布政使的雅称。“笏臣”作“虎臣”并不足怪，可能是长赓的又一个字，也可能是时人在称呼长赓之字的时候，用了音近的字来代替。

[8] 弟：通“第”。

[9] 即“容半”。

[10] 此处所论为前述三十二年平安君鼎器身的铭文。此鼎的器身铭文有两部分，据研究，它们应分别释为：“卅二年，坪安邦司客，容四分齋，五益六釿半釿四分釿之冢(重)。”“三十三年，单父上官冢子憙所受坪安君者也。上官。”录出以供参考。

[11] 刘氏：即刘喜海(1793—1852)，字燕庭(又作燕亭、砚庭)，又字吉甫，山东诸城人。嘉庆二十一年举人，以荫生为户部郎中，后官至浙江布政使，署巡抚。

室转售至厂。惟中多壶[1]最为可爱，铜质厚重浑朴，满身红绿，底作文，与他器异，字口有红绣细点，甚坚不可动，未经刀剔。按《国策》公仲朋，旧本作仲侈，或作韩明，或作韩朋，王氏[2]《读书杂志》辨之甚详，得此可证“侈”之误。朋由古文字，不作人旁，后遂相沿为朋为明，其说不一，因疑首一字为“韩”字古文。又按古币多战国时物，有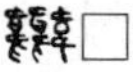□诸字，疑皆“韩”字，有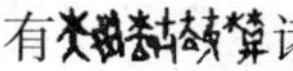诸字，疑皆“魏”字，有诸字，旧释为“榆”，疑皆“赵”字。古文以意增减，有不可以小篆例者，各国小币尚存，东周文字可相参证。此亦大澂之臆说，未知当否？前年怂恿伯寅司农[3]刻图，因无人摹绘，遂力任其役。大澂本不工画，偶尔为之，始意亦拟悉照原器，不用双钩，较为省事。惟文之粗细不等，若坟起处悉用墨填，须凸文画作阳文，凹文画作阴文。又恐刻手不精，易于粗俗，如二百兰亭斋[4]所刻，前后又不一例，妄谓绘图有二法，一仿《博古》《考古》。除雷文细笔用单线外，其余不论凹凸，皆用双钩；一照全形拓本依器绘图。近有刻板代拓印成挂幅者，仿此为之，亦是一格。若钩勒精工，俨然缩本，墨拓则出前人各图之上，而款识亦须用阴文方为合法。大澂拟将所见吉金，陆续摹绘付梓。未见原器者仅刻款识，别为一卷，敝藏各器又为一卷，合南北各省知交藏器，集一

---

① 此处所论之“中多壶”即《殷周金文集成》9572 号著录的“鬭中多壶”。

② 王氏：即王念孙（1744—1832），字怀祖，号石臞，江苏高邮人。乾隆四十年（1775）进士，历任翰林院庶吉士、工部主事、工部郎中诸职。清代朴学大师，著有《读书杂志》等。

③ 伯寅司农：即潘祖荫（1830—1890），字伯寅、号郑盦等，江苏吴县人，咸丰二年（1852）探花，后官至尚书，入值南书房、军机处，谥文勤。潘喜金石，与吴大澂为小同乡，关系密切。汉代置大司农，掌管钱谷之事，因清代的户部掌管钱粮，故而雅称户部尚书为大司农。潘祖荫于同治七年至十二年间始，先后任户部右侍郎、户部左侍郎。户部侍郎可称为少司农。

④ 二百兰亭斋：吴云的斋号，因家藏宋元明旧拓王羲之《兰亭序》碑版近二百种故名。

巨观。特恐俗尘纷扰，惟日不足，未易集事，过此以往，精力日减，绘图又不能工，未知此愿何日偿耳。袁筱坞①所得有一齐妇鬲，真而且精。所谓方彝，实是方尊，底盖皆有觚棱四出，旁有两耳甚高，损其一，俗工以恶铜配补一耳，略损原器，其形与《长安获古编》②之父舟彝相似。器小字大，器内有一格，其文由旁至底，由底又转至旁，横跨一格，甚不易拓。字体圆熟而少力，文又习见，似尚可疑，惟器内绿绣坚厚，字在绣底，断非近制。盂鼎自是瑰宝，口径三尺许，高约四尺许，铜色纯黑，间有浅绿，字口亦深，惟缺笔数处，竟非绣涩，铜质显然可睹，或当时镕范不足亦未可知。如此巨器精铜，大字深口，似又不应有此缺画，殊不可解。大澂前在青门作两日勾留，匆匆回署，未及手拓，幕友家人中又无善拓之人，仅托筱坞前辈拓寄数分，纸墨不佳，附上两纸，以备分贻同好。大澂近顾③拓工来署，教以先扑后拭之法，将来即遣往拓盂鼎及各处汉刻，如有精本，续寄呈鉴。承示琅邪台秦石访得，始皇诏刻尚有形迹可寻，并蒙代备四金，拓以见寄，至为心感。尊著《印举》④纂成八十卷，此古今未有之大观。前恳子年丈函乞代留一部，想为达到，其价当即汇交臆园转寄。此间遇有新得，必随时寄奉，以报盛意。所论篆刻以钟鼎、古印二者笔法为师，可破近人陋习，大澂心知之而手不逮，亦由平日嗜好繁多，不能潜心于此。虽文人余事，亦须有一番苦功，乃能深造自得。前为退楼丈强刻小印，章法刀法均无足取，谬承过奖，并示以运腕之法，且感且惭。大澂僻处秦中，无可与语。京华故人惟王廉生农部⑤邃于金石之学，相契

---

① 袁筱坞：即袁保恒。

② 《长安获古编》：刘喜海所著。

③ 顾：即“雇”。

④ 《印举》：即陈介祺所编的《十钟山房印举》。

⑤ 王廉生农部：即王懿荣（1845—1900），字正孺、廉生，山东福山人。光绪六年（1880）进士，后官至国子监祭酒，庚子事变中投井殉国，谥文敏。王懿荣中进士之前曾任户部主事，户部主管农事，收入主要来自农业税，故而户部又称农部。

最深，别后数月，曾未得其手书，孝达入蜀①，懒于作札，偶有朊见，无可质证。倘蒙不弃，时惠尺书，以慰岑寂，片楮之赐，珍逾拱璧，欣幸何如！关中自兵燹以后，寒士荒经，文风久已不振，辅车所及，与诸生苦口劝勉，有善必奖，有弊必惩，冀于士风稍有裨益。所愧根柢浅薄，不足为士林表率，时滋惶悚。山林隐逸之士，讲求正学者尚有数人。近今俗尚以时艺②相炫，敦本励行，目为迂儒，不得不稍示激扬，以为通经明理者劝。至训诂之学，几成绝响，稍知门径者百不得一，恐一时遽难振兴。大澂拟于开篆③后按试同州，三月初旬回考本棚④。知念附及。手泐布复，敬颂起居万福。百不宣一。晚生吴大澂顿首。甲戌正月五日。

前年购得中多壶时，适伯寅先生属廉生至厂肆访之，力索不得，大澂遂秘藏之不敢示人。三代彝器人名见于史传者率多傅会，尊臧陈侯因資一敦⑤及太公和器，与敝臧中多壶均尚可据，"資"字、"多"字并足订今本经传之误，尤于诂训有裨。敢以奉质，乞是正之。去秋出都时新得鼎盖，与所示梁上官鼎字体略同，又同一⿰言千⑥字，并拓附呈。晚大澂再拜。

---

① 孝达：即张之洞(1837—1909)，字孝达，号香涛等，直隶南皮人，同治二年(1863)探花，后长期担任封疆大吏，谥文襄。张之洞与吴大澂过从甚密，同为清流中人，又皆喜好金石。张之洞在同治十二年(1873)任四川乡试考官，随即简放四川学政，直至光绪二年(1876)。所谓"入蜀"，当即在此段时间之内。

② 时艺：即八股文。

③ 开篆：即开印。清代府衙，年终封印，年初开印视事。

④ 本棚：棚即考棚，注释参见前信，在本府参加院试称为本棚，到其他地方参加称为随棚。

⑤ 陈侯因資敦：战国时期齐国的铜器，著录于《殷周金文集成》4649 号。"因資"即齐威王因齐。

⑥ 即"信"字。

三

簠斋老前辈大人函丈：

昨接廉生书，承惠琅琊石刻精拓并碑侧一纸，真从来所未见。"为之者"三字，旧臧各本皆已漫漶，忽如拨云雾而见天日，可喜可宝。并蒙代拓十分，尤感无既。属交苏亿年[①]百金，取有回字，附呈尊览。琅琊拓价，请于此款内扣留。廉生又云，吾丈有见寄一书，并赐拓本，另觅妥便寄秦，至今尚未奉到，良用耿耿。新得一鼎、一彝、一尊，拓奉审定。鼎字瘦劲，满身生翠，间露铜质如黄金，扣之铮然有声。彝形如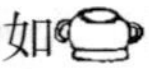，与他彝不类，文作子抱孙形，亦非习见。尊字在足内，隐隐有直格，笔力遒劲，知非伪刻，惟上下破成两截，用漆黏合，铜色亦不相似，疑为两器，却非近手所合，请鉴其文以为可取否？大澂往来北山，自夏徂秋，几及四月，仅于同官道中见唐人造像，下层正书廿六行，字稍平漫，最下断裂数寸，约缺七字，招之不得，碑阴、碑侧皆有刻像，向所未见，弇山尚书《金石录》亦不载。用夫舁至三原学署[②]，特拓一本，寄呈赏鉴，未知吾丈曾见及否？中秋前即拟出棚，按试汉中，籍可一访石门诸刻。手肃鸣谢，敬请著安。晚生吴大澂顿首。八月初九日。

四

簠斋老前辈大人侍史：

自重阳按临汉中试事，碌碌四十余日，疲精耗神，与京华故人音问疏阔。前在凤县泐布一函，至今未寄。一人试院，不知光阴匆匆易

① 陕西西安的古玩商人有苏兆年、苏亿年兄弟。

② 三原学署：三原县，属陕西省西安府，学署即学宫，府、县学务所在。

过，换葛而裘，如无多日也。近得廉生书，知八月初一缄已邀鉴及，并有惠寄瓦当拓本一箧，由子年丈处转寄，闻之狂喜。乃前此所赐一书，几及半年，尚未奉到，殊为怅惘。想寄书人过于郑重，或须岁莫回署时来署面交矣。前月游石门，风雪中攀萝附葛，访得《永寿刻石》数行，及《鄐君开通褒余刻石》尾段残字，亦一快事。惟属打碑人先拓数纸，一月有余尚未寄来，此石犹在疑似之间。然以鄙意度之，崖石摧裂，其文必无磨灭之理，又与河流相距四五丈，必不致沦没水中。从者云字在下面欿处，似非妄语，若在仰面，拓工必早见之，所以迟迟不奉书者，欲得此以博雅鉴耳。永寿石刻甚浅，又极平漫，几为宋人题名所掩，寄呈二纸，有数字不可辨，乞审定之。《石门铭》《石门颂》《杨淮表纪》《鄐君石刻》四种，曾以宣纸佳墨遣工精拓一分，较胜旧拓。汉中宣纸不可得，遍购得五十余纸，可拓三分，俟弟二分拓到，即以奉寄。天寒墨冻，未识年内能即拓否？《石门铭》之右有永平题字数行，上下皆宋人题名，隐隐有汉隶，不可卒读，想系宋时题字磨去，旧刻不可考矣。所校《石门铭》各条及纪游一则，录呈尊览。成县距褒城七百里，《西狭颂》《五瑞图》《耿勋碑》均遣石门张懋功[①]于明春二三月间往拓。此间料半纸[②]每张一百余文，匹纸须三四百文，大者七八百文，将来拟向南中购纸，其值较省。东洋纸[③]细而薄者亦可参用，颇受墨采，于磨崖尤属相宜，尊意以为然否？鄙意关陇金石毕记[④]未载全文，新出土者亦不少，颇拟广为搜考，编一专书，即金文之出自秦中者皆可摹入，当以尊藏毛公鼎为冠首，其次莫如盂鼎。传古启拓本既蒙寄一全分，各器中确知为秦物者，尚祈编示一目，其当时出土之地，苏亿年略知一二，有可据者，并当详志其原委。此书若成，亦足备三

---

① 张懋功：吴大澂所雇的拓工。下文或作“张茂功”。

② 料半纸：宣纸中的一种，颜色洁白，性绵软，常用来拓石。

③ 东洋纸：即日本皮纸，绵软并有很强的韧性。

④ 关陇金石毕记：毕沅编有《关中金石记》。

秦掌故，然非一两年所能脱稿，随见随录，铢累寸积，或亦有志竟成，浅陋之讥，所不免耳。《西狭颂》有二刻，天井磨崖想亦不致剥蚀，自南丰以后[①]无见及者，或其地峻险，拓工所不到，《两汉金石记》[②]亦曾提及，后遂无问津者。明年当属张懋功就近访之，未识有此奇缘否？闻兵燹以后，唐刻出土者不少，多半在长安乡间，已托友人物色，如有所得即寄上。陕西驻京提塘关名汉杰，辛未武进士[③]，住顺治门大街咸长会馆[④]，每月公文及京报必有两三次，包封稍厚亦尚可寄，至迟一月有余亦必达到。大澂已手书谕之矣。手肃，敬请著安，并贺年禧。不尽缕缕。晚生吴大澂顿首。甲戌仲冬廿七日。

敝处刻工邢姓，自都门敞肆招来，属刻彝器图，尚肯用心。敝藏各器无多，钩摹费力，往往停手，因思瓦当易摹，试事稍闲，藉此遣兴，亦不费事，当属其一日刻图，一日刻瓦，每月或可刻瓦当二十余。若双钩则刻工须三倍之，每月不过十瓦，如欲速成，似依拓本刻之亦无不可。刻资无须另给，将来刷印时，应用纸价再为报明。秦中刷手甚劣，尚未觅得良工，当于省垣书肆从容访之。附呈《唐公房碑》《仓颉庙碑》二分，想尊处必有旧拓精本，不足尘鉴，而此间拓手之不精，即此可见。唐公房碑阴尚有数十字，属其一并椎拓，仅拓得碑阴一分，其意以为寥寥数行，殊不愿拓，亦属可笑。明年当遣张懋功拓之，必可稍精。褒城距城固不远，略阳《郙阁颂》亦当遣拓，石门工价向不甚昂，给以倍价，尚听指挥。省中拓工销路较广，激厉之亦复如是。《唐公房碑》亦系省城拓手随棚买帖者，属其往拓十分，渠竟拓二十分而

---

① 南丰：即北宋文学家曾巩。曾巩(1019—1083)字子固，建昌南丰(今属江西)人，世称“南丰先生”。《南丰集》之《元丰类稿》中有《汉武都太守李翕西狭颂》一篇，是迄今为止对于此碑最早的文字评述。

② 《两汉金石记》：翁方纲(1733—1818)所著。

③ 陕西驻京提塘关：清代各省督、抚所派驻扎京城，传递有关本省文书和京报的人员，即称提塘关，多以本省武举人或低级候补武官担任。

④ 咸长会馆：即咸阳长安会馆，各省人在京城或外地常投靠本省会馆。

不拓碑阴，愚而愎，大率类是也。大澂又启。

代付苏亿年京平足银一百两，已由廉生处交到市平足色九十两[①]。除缴琅琊石刻拓价十两外，尚余平银二两七钱，暂存敝处。如秦中有付款，随时示及可耳。廉生交到绵连纸[②]样，甚为细洁，大澂已照样由苏购寄矣。并以附闻。大澂又启。

石门访碑记

同治甲戌十月之望，汉中试事毕，翌日策马至褒城。自龙王庙渡口泛舟而上，行里许，风甚湍急，挽索不前，篙师有难色。舍舟而徒，由东岸石坡，迤逦至白石土地庙，山径纡仄，崖谷峻险，距石门尚数里也。遇樵子导之下，折而南，又折而北，荆榛塞路，山石荦确。小憩玉盆石下，观宋人题名。循江北行，崎岖益甚，从者裹足，过一点油，石壁立数仞，下临深渊，山穷路绝，裴回久之。忽闻岭上人语声，隐隐在丛莽间，则打碑人张懋功也。懋功家在石门东，去此仅数百步，然可望而不可至。度岭而下约二里余，危崖陡绝，攀萝直上，如猱升木，石虎在其巅，险窄处仅容半足，虽太华苍龙岩，不是过矣。夜宿张懋功家，风雪满山，江声如吼，终夕潺潺不绝。黎明县令罗君遣舟来迎，遂渡至石门。门西壁则《杨孟文颂》，颂后即《杨淮表记》，旁有宋人题名十余段。访得汉永寿元年题字七行，纪右扶风丞李君德政，字多平漫，可识者有六十余字，从前著录所未及。其东则王远书铭，铭侧题

---

① “京平足银……市平足色”一句：清代银两制度较为复杂，各地所通用银两成色、平砝各不相同，需要进行换算。足银、足色乃成色，即含银量。各地足银并非真正达到含银量100%，且标准亦不尽相同，一般而言在纹银基础上申水6%方可称足银(银含量约99.2%)，但北京通用十足银加以化验，实际仅有98%。京平、市平乃平砝，即秤量单位。京平疑即京公砝平，每两相当于33.99克，市平未明言何处之市平，以京市平计，一两相当于35.77克。因为成色和平砝的不同，所以吴大澂代付出京平足银一百两，收到市平足色九十两及相当于十两的琅琊石刻拓本后，实际还盈二两七钱。

② 绵连纸：宣纸的一种，纸质细薄白净，吸水性好，多用于棰拓。

字七行，笔势超逸，与铭文同，疑即王远书，下有“贾哲字三德”五字，亦相类，向日拓工不之省，金石家所未见也。魏荡寇将军李苞题名在门北崖壁最高处，俯临江水，椎拓艰险，世所罕觏。宋晏袤摹其文刻于门外南壁上，其下有绍熙五年修堰记。又有宋人摹刻“衮雪”二处，其原刻在江中巨石下，湍流迅急，舟不得近，隐约可辨，相传为汉刻，旁有“魏王”二小字，想系宋人伪刻。此石久湮水中，水落始见，近年张懋功访得之，始有拓本。又南十余丈则鄐君刻石在焉，下刻宋晏袤释文，晏所记一百五十九字，今石仅存十六行，末行“瓦卅六万九”以下，缺三十五字。倪兰畹游纪云崖石已断，不知后数行刻于何处，余观鄐君刻石旁有石横卧崖侧，纵三四尺，横二尺许，令从者缘崖视之，有文在石下覆处，大小如鄐君刻石，此必尾段三十五字也。是时雨雪不止，泥滑路艰①，登陟为劳，遂以舁石事属诸张懋功，不及手自摩挲。返櫂下驶，重观玉盆及乾道修堰刻石，皆在乌龙江岸东，太平石则宛在中央，亦有宋人题字数处，漫漶不可尽识。是行也，常熟华大成星同、颍川刘嘉德瑞斋、元和陆振之保善偕往，华君陆君未至先归，独刘君及仆三人从。吴县吴大澂恒轩为之记。

《石门铭》《杨淮表纪》《石门颂》均刻门内，石壁凹凸不平。《颂》文完善无缺，《表纪》弟六行约身上一字全泐，为石灰所填，独王远书铭，石多绽裂，摹拓较难。近遣张懋功精拓一本，较王氏②《金石萃编》多三十七字又半字。三又辨正《萃编》误字五，其石质剥泐不可辨者四字而已，字体有可疑者并录出以俟考正。

第二行，此门，“门”上一字全泐，《萃编》作“此”字。

第三行，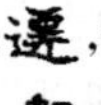，遷字似从“升”而略变其体。

第四行，，“数”字不从“攵”。

---

① 自“艰”字以下至文末当接在第33页后，原书误置于第38页。

② 王氏：王昶（1725—1806），字德甫，号述庵，又号兰泉，今上海青浦人。乾隆十九年（1754）进士，授内阁中书，曾入军机处。著有《金石萃编》等。

第六行,鑿,左上偏[illegible]字下少一笔,石上亦无裂文,或借"金"字为之。峭岨椠迂,"峭"、"椠"二字,《萃编》缺。"椠"字上半泐,仅存"木"字。

第八行,诏,言旁未泐,在石缝凹处,拓本往往不清。驤,"马"旁似只两点,右半"襄"亦简笔。

第九行,祉,心旁上两点尚可辨,右有大裂文。抚境绥边,"抚绥"二字,《萃编》半阙。以天险,"以"字《萃编》阙。

第十行,迴车已南,"南"字中一直甚长,《萃编》误作"难"。释负儋之劳,"释"字"睪"旁隐隐可睹,"负"字中有裂文,"担"字左边已泐。

第十一行,贾三德领徒一万人石师□□人,"一万人石师"五字石上甚显豁,字略小而稀,因原石有裂文,斜偏向右,"师"下约有二字,石已全泐,不知何时填以石灰,今拓本隐隐有字,乃石灰皱纹。

第十二行,巧思机发情解冥会,"情"字"心"旁在石缝中,约深半寸许,拓本多不显,《萃编》作"精",非是。

第十四行,皆填接栈豁砰崄梁危自迴车至谷,"填"字土旁有裂文,尚隐隐可见,"接"下数字均不阙,末二字"至谷"稍泐,亦尚可辨。《萃编》阙十一字,又误"危"为"及"。

第十七行,垆铁,上一字《汉中府志》作"垆",《萃编》作"盐"。充仞,"仞"借作"牣",《萃编》阙。

第廿二行,河山虽崄,"虽"字《萃编》误作"帷"。□德是强,"德"上一字,《萃编》缺,《汉中府志》作"汉",细谛之,亦非"汉"字。关壃,《萃编》作"疆",石本审为"土"旁。

第廿三行,古烈,"古"字微泐,"烈"字尚显。跡在人亡,"跡"字右半有裂文,"古烈跡"三字《萃编》均阙。水眺悠皛林望幽长,《萃编》阙"眺皛林望幽"五字,想当时所据拓本不精。

第廿五行,辚辚,第二字已泐。成夷石道,《萃编》阙"成"字。百两更新,《萃编》阙"更"字。

第廿六行,以纪鸿尘,"鸿"字未泐,《萃编》阙。

第廿七行,洛阳县武阿仁,"洛"字"阿"字石本尚存,《萃编》并阙。

同治甲戌十月廿二日吴县吴大澂手校。《杨孟文颂》"命"字"诵"

字下垂处，细审石质实系裂文，刻字处甚深，石泐文微浅，观拓本“诵”字与下裂文并不连属。

曾伯霥簠，四字为句，“元”下有二小画，“武”字“戈”旁亦有二画，则下句“元武”重文，若读作“哲圣元元”，则下句不文矣。

君夫敦，文字极精，“王命君夫曰下”疑“续承乃守”四字。《说文》“续”字古文从“庚贝”，疑其字体上半必系简笔，类“庚”字耳，是敦字不从纟，亦古文续。齐侯鎛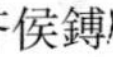，或释作“用承考命”，与为一字，续承犹言绍承也。师奎父鼎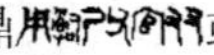或释为官守，与此二字正同。

妇闟觥，觥器不多见，文亦极精，疑字，《说文》：“楚人谓女弟曰媦。”《公羊传》曰：“楚王之妻媦。”此妇闟为其女弟文媦所作器也。楚器多与常器不类，文多细挺，如《积古斋》①王子伯申盏盂，吾吴潘氏所藏怀鼎皆非习见之器，因疑是觥亦楚制也。

天子班觚，“天子”二字甚可异，“天”字上画是否铜锈剥蚀痕？

赤觚，阳识甚精。

且戊觚，下二字似析木形，或非“戊”字。

阳朔上林鼎。

临菑鼎。

安成家鼎，汉器中至精者。

美阳共厨鼎，字与他器不类，亦极可爱。

犛车宫鼎。

杜共鼎盖。

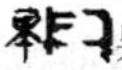鼎残器。

绥和雁足镫，较竟宁灯字少而精，至可宝贵。

元延万岁宫镫，元延二器并精。

元延临虞宫镫，刘刻《长安获古编》似未尽合，汉器锓板尤易失神。

新莽始建国钟，精贵。

---

① 即阮元所编《积古斋钟鼎彝器款识》一书。

晋太康㚆，隶字尚有汉人意，何精妙尔乃。

汉人书体大者如《鄐君开通褒斜刻石》及各碑题额，小者如《仓颉庙碑》碑阴碑侧题名，更以款识字参之，无美不备矣。

五

簠斋老前辈大人侍史：

冬月廿八日渺布一函，并汉刻数种，计新正必可达览。大澂自商州试毕回署，廿二日行抵蓝田，适闻鼎湖之痛[①]，悲号感恋，五中摧裂。时事多艰，涓埃未报，盱衡时局，尤切杞忧，惟有顶祝朝政日新，上下交儆而已。入春以来，百事俱废，无可告慰。去夏五月十一日惠书，并金文二十纸，直至腊月廿四日始行接读。因公车回陕[②]，无便可寄，必俟面交也。承示鉴别古器之法，与鄙见尽合，所论“壶”字亦确。惟此器想系战国文字，风气略变，必见原器，疑窦自释。廉生目赏之也。石刻唐画三纸，由廉生寄览。《石门》各刻尚未寄到，《耿勋》《西狭》今春往拓。大澂于开印后度陇[③]，先试庆阳。手复，敬请道安。不尽百一。晚生吴大澂顿首上。折便[④]匆匆，不及详复，日内续布一切。新正十一日。

---

① 鼎湖之痛：即指同治十三年（1874）十二月，同治驾崩。古代传说黄帝在鼎湖乘龙升天，后即指帝王崩逝。

② 公车回陕：“公车”指进京赶考之举人，同治十三年甲戌科会试，陕西举人赴京，故可便寄，回陕则无法。

③ 开印后度陇：“开印”见前“开篆”，“度陇”即赴甘肃，盖吴大澂为陕甘学政。

④ 折便：各省有专门递送奏折的折差，又称折弁，当地官员时借此便利，寄送邮件。

六

簠斋老前辈大人左右：

新正十一日泐布寸笺，由折差带都转寄，未知何时达览。十九日，由筱坞前辈处递到去秋九月望日手书，并瓦拓一箧。展读数过，琳琅满目，既精且美，从来著录所未见，考古家所不及搜访。即无字十六种，亦极可爱可宝，真如古璧汉镜，一钩一画都有朴茂之气，似较未央、长乐宫遗制尤有古趣。所谓瓦制不始于秦，良不诬也。昨属邢工试刻一叶，先寄呈鉴。似刀法锋棱太露，尚落呆板。拙书极劣，意欲摹尊书，尤恐失真耳。承惠百三十种，至感至感。此间装潢无良手，不复付裱，他日携至都门，汇装成册，或可稍精。明日觥装度陇，携以自随，校试余闲，遣此古兴，每月必可钩摹二三十叶。自陇以西必少闻见，时惠精拓，尤所感企。苏亿年代购一器，疑是残盘，文虽习见，铸范极精，拓奉审定。新得安陵鼎盖、半两泉范并拓寄上。商鼎、商彝已装箧寄存县署，行色匆匆，未及再拓，检呈二分。敝处苦无善拓友人，每见一器必手拓乃称意，然亦不如所寄拓本之精致也。承示裒集秦金文字，必可钩刻。窃谓秦汉文字细劲处、率意处尤难神似，《积古斋》《长安获古编》《筠清馆金文》于钟鼎古文多有可取，而秦汉器较逊。邢工所刻，尚有一二合处。尊藏秦金各拓，多未见及，亦求惠寄为祷。《石门》精拓尚未寄到，《鄐君开通褒余石刻》之尾段亦未拓来，想俟春气融和方得椎拓耳。前寄唐造像，首行系"大唐雍州同官县黄堡武定林碑之□"[①]十五字，末一字已全泐。今其地即名黄堡，距县城四十里，武定林当系寺名，尚未细考。倚装率书布复，余俟

---

① 此碑于唐高宗仪凤三年(678)立于陕西三原县内武定村。《唐文拾遗》卷六三、周绍良主编《全唐文新编》第五部第二册卷九八七均收录。惟二处标题均漏"黄堡"二字，可据补。

续上，敬请著安。不书百一。晚生吴大澂顿首上。正月廿四日。

七

簠斋老前辈大人左右：

昨日折差回甘，带到正月十二日手毕[①]。蒙寄瓦拓百廿二种，当与前册细校，并刻去其复者，汇成一集，洵属巨观。前月试刻一叶，交廉生寄上，当已鉴及。刻工留在三原，令其专心覆刻。《长安获古编》及尊藏瓦拓，近已钩成二十余叶寄去，属即上板。俟刻出十余叶，陆续刷样寄览。惟拓本浑成，钩本板滞，仅存模范，恐失神采。近悟双钩亦须运腕，填墨后笔力较健，其一种朴茂之气，则不可摹仿。即无字各种，神妙变化，一圈一点，皆与古籀相通。尝论篆法当以汉画像参之，画法当以钟鼎文参之，皆可骎骎入古。秦中汉刻似出齐碑之右，《曹全》远逊。秦瓦文字似不逮齐瓦，此不可解。即长生长乐各瓦，不如千秋万岁之变体变格，无美不臻也。方赠孙拓尚未钩[②]，颇多习见，龙凤龟蛇各画多可爱，编目寄上，俟齐瓦刻竣再以秦瓦续之。自陇以西，古刻极少，荒寺颓垣，时一驻马物色之，并宋元刻石亦不可见。仅于宁州狄梁公祠内，访得梁龙德二年牛刺史修衙记，可补旧录所未及。承寄示陕西碑目与渭南赵氏所刻毕记后续目，大略相同。近今出土者，又可增数十种，俟录竟觅便寄缴。《沙南侯获》《裴岑》《姜行本》均未觅到，边外无佳拓手，恐不能精。筱坞前辈与左相不谐，西征已作罢论矣[③]。尊

---

① 手毕：犹手简，手书。

② “方”即方鼎录，“孙”即孙三锡，详下。

③ “筱坞前辈与左相不谐”一句：“左相”即左宗棠。左宗棠（1812—1885），字季高，道光十二年（1832）举人，会试屡不中，后入骆秉章幕，参与镇压太平天国，由此进入仕途，官至东阁大学士，封恪靖侯，死后谥文襄。明清时因无宰相，以“相”拟称内阁大学士，故称“左相”。同治七年（1868）起，袁保恒即随左宗棠赴陕西、甘肃，专办粮台事务，光绪元年（1875）回京任职，并未参与收复新疆之役。

藏古金目册多所未见，别录一纸求拓寄，当由廉生处缴价。《耿勋》《西狭》已备纸墨，遣工往拓，近因试期促迫，碌碌少闲。手复布肊，敬叩著安。不尽。晚生吴大澂顿首上。二月廿四日。泾州试院泐。

八

簠斋老前辈大人台右：

十七日平凉试事甫毕，有仆自都中来，带到廉生书。承寄《隶篇》初印本一部[①]，《古鉢印文传》三册[②]，瓦拓十八种，兮甲般[③]金文一纸，新出汉画像一纸，感抃曷极。大澂于汉隶源流，茫无所知，年来稍究心，拟托廉生代购翟氏书。不谓长者导之先路，如愿以偿，喜何如也。古鉢文得未曾见，模印尤精，先秦列国文字苦于少覯，汇而集之，渐可触类贯通。来示所谓"好之笃自能知之真"，大澂何幸而得承指授。《古鉢》一编，推原竟委，实足发许、郑诸儒所未发。肊见以为，"鉢"、"玺"一字，周从金，秦以后始从玉，许氏列入土部，是汉时相仍从土，籀文从王或即全之省文，非宝玉之玉，即坴字，审之可见。谬作《鉢说》一篇，录呈教正。汉画完好如新，至可宝贵。兮甲般文类《费誓》[④]，字类石鼓，前人有无考释？古金字多而有考者，别为一录，尊见极是。刻石难其人，梨枣易于集事，然传刻失真，尤在钩摹之精，校

---

① 《隶篇》：清代翟云升所著，下文翟氏书等即指此。

② 《古鉢印文传》：陈佩纲手笔，同治十三年(1874)，簠斋将陈佩纲(子振)所摹刻之印章，辑成《古玺印文传》，陈佩纲，字子振，是簠斋族弟，亦是簠斋所雇之拓工之一。

③ 即兮甲盘，般通盘。兮甲盘为西周晚期青铜器，著录于《集成》10174号。

④ 《尚书》有《费誓》一篇。

勘之细，过于求备，亦恐无成。伯寅师欲广刻金文，石查不任其役①，想作罢论矣。臧古册内，云阳鼎与大澂新得鼎盖同，系“元年四月受云阳厨”，一为“第五十六”，一为“第卌”，即“六”字。似系改刻，一为“尚□共”，一为“共”②。询诸土人，所得系三原赴省之中道，忘其村名，距长安二三十里，其为惠帝安陵物无疑也。手泐，敬叩福安。晚生吴大澂顿首上。三月廿九日。宁夏试院泐。

尊臧古金拓本大澂所未得者，钟十一、铎一、鼎九、尊六、卣八、壶一、罍一、鉼一、斝一、觚四、觯十四、角三、爵四十五、段十四、盘一、匜二、鬲二、簠一、簋③一、盉一、剑二、干首一、瞿三、戈廿六、矛五、锻一，又秦量权、诏版全分，又汉器未得拓本十九种，均求随时拓寄，如有全分拓就者尤企。当托廉生缴费。有重分者，亦不必去，精品精拓不易得，复者亦皆自留，不轻赠人也。晚大澂再启。

去春惠书录示金文考释，有细薄竹纸极光洁，用以钩摹金文瓦拓最为适宜。不独秦中遍觅不得，由上海购来者无此坚薄，不知何地所产？乞代购数束，有便先寄二三十纸为感。平日于此等绝不留意，需用时则求之不得，亦善事必先利器之一也。大澂谨又启。

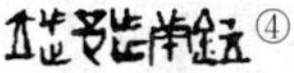④，第二字似“都”，第四字即“鉨”。

，疑是曲阜之鉨。⑤，第一字似“北”，或即“邶”之省，即“州”。

---

① 胡义赞(1831—1902)，字叔襄，号石槎，一作石查，晚号烟视翁。河南光山人。同治十二年(1873)举人，官海宁知州。擅长金石考证之学，所藏泉币皆稀品。

② 即“华”字。吴氏所得鼎盖，今称为安陵鼎盖。

③ 吴大澂采用宋人之说，以段为敦，所以此处将段、簋分列。其实，清人已经指出，段即是簋。详下。

④ 这是一方燕国官玺，著录于《古玺汇编》0292 号，释文为“跱都市鍴”。

⑤ 原文作“北州之玺”，为一方楚国官玺，著录于《古玺汇编》5554 号。

①，右二字疑“郁城”，左二字疑“鉨”，小币有“戈邑”。

②，即“潮”，见陈侯因资器。

，即“计”，亦似“讶”③。

④，右二字疑“郐国”，《说文》：“郐，祝融之后，妘姓所封。潧洧之间。郑灭之。”变邑从土，后人又改从木，假“桧”为“郐”。《说文》“国”从口。口，回也。象古文“回”，当即“国”之异文。与同文减笔，亦“计”字也。

，第一字当是“岐”，左二字与二字同，当即“计鉨”。

⑤，首一字奇古不可识，下为“阳都”二字，末一字似之省文。

⑥，“徒”疑即涂山之“涂”。《说文》：“，人在山上”，疑即“”字，义不可晓。

，是印钮作兽形，不类元代物，亦非吴字。，筠清馆有鲁伯愈簠、伯愈鬲，作，与是印右一字同，左作，亦非“甘”字，当亦周末物。二印得于都门厂肆，附呈鉴定。

鉨说

《周礼·掌节》云“货贿用玺节”，郑注：“玺节者，今之印章也。”《说文·土部》：“玺，王者印也。所以主土。从土尔声。籀文玺从王。”刘熙《释名》云：“玺，徙也。封物使可转徙而不可发也。”案《周礼》“守邦国者用玉节，守都鄙者用角节”下云“货贿用玺节”，是玺节与玉节判然不同，且等威之辨以玉为上，然则货贿所用玺节，不得僭

---

① 这是一方楚国官玺，著录于《古玺汇编》0278号，释文为“龙城□鉨”。

② 这是一方楚国官玺，著录于《陈簠斋手拓古印集》，释文为“昜(阳)潮命(令)鉨”。

③ 实为“信”字，或从言，或从心。

④ 这是一方齐国的私玺，著录于《古玺汇编》1147号。据研究，可释为“高越信鉨”。

⑤ 疑为著录于《古玺汇编》0192号的一方燕国官玺。

⑥ 这是一方燕国官玺，著录于《古玺汇编》0118号，释文为“徒口都户(尉)”。

用玉可知。就义考文，其字亦必不从玉，秦汉以来天子之印用玉称玺，下此称印、称章不复名玺。许说从汉时通称，郑、刘犹仍古义，不以玺为王者印也。尔、爾古通，玺用金故从金，鈢之异文为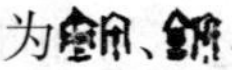、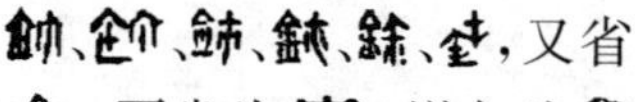，又省为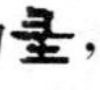，疑皆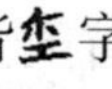字。古文变化不一，省金为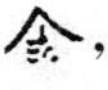，再省为，增尔为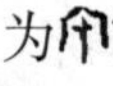，再增为爾，或繁或简，古今文不同也。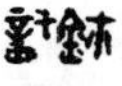当释作“计鈢”，当释作“市鈢”①，与《周礼》货贿之说合。传鈢与刘氏转徙之说合。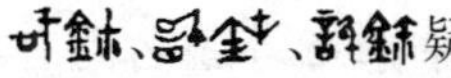疑皆“计鈢”，《说文》：“计，会也。筭也。”当系周时列国通货所用，或系地名，或系官名，不可尽识。得此可证郑氏印章一说为秦以后铜印之祖。光绪纪元三月廿八日。吴县吴大澂释。

《说文》，古文作。②，疑即“将军”古文假借字也。

九

簠斋老前辈大人执事：

月初在宁夏奉寄一书，不识何时达到。前日按临凉州，去秦中又二千余里，所经边外草地，数百里无人烟，汉时遗迹、西夏残碑遍访无所得。卒卒风尘，仆夫况瘁，无可告慰。顷由褒城寄到石门汉魏诸刻，纸墨之精，万不如尊处，拓工较寻常。帖估③所货略有一二可取，特检《石门颂》一纸、《鄐君开通褒余石刻》一纸、《杨淮表纪》一纸、《永寿元年刻石》二纸、《石门铭》一纸、《永平题字》二纸、朱拓《石门颂》一纸，寄呈赏鉴。又李苞题名残字两行，刻在石门洞外南崖高处，下临深涧，游者须至崖畔极险处，仄足而立，仰视方见。拓工于洞内立架，施一长板，用绳捆身，转面向里，方可上纸，故仅拓数本。惟与翟书所

① 分别是“信鈢”、“市(师)鈢”。

② 这是一方燕国官玺，著录于《古玺汇编》0095号，释文为“将军之鉨”。

③ 帖估：卖碑帖的贾人。

钩数字大小不类，或别是一刻，竟不可知。见审李亭下石文断裂，或年久崖摧，仅此两行尚存，气①审定之。潘、韩②题字，亦竟无获，访碑之不易如此。拓工已赴成县，《西狭》《耿勋》须秋初方到。手肃，敬叩起居不庄。晚生吴大澂顿首上。

所刻瓦文，前月遣承差③回陕，尚未取到。六月至西安录科④再寄。四月廿四日。凉州试院。

石门潘宗伯、韩仲元、李孝章等题名尚有，晏袤释文可据，近亦模糊，不可尽识。其云"景元四年"三十八字，似在潘宗伯数行之后。今存十余字在洞外崖侧，其右旁即门洞，空处更无余石，不知何时摧裂，或因开拓洞门而凿去之耶？尊藏旧本如有字较多者，气示及之，幸甚幸甚。翟书所据，想系旧拓精本矣。鄐君石刻尾段残石多裂文，仍无一字。

十

簠斋老前辈大人阁下：

久未得书，至为系念。初夏在凉州泐布一函，并呈《石门》各刻，未知何时达览，惟起居万福为颂。晚自兰州试毕，赶于七月十七日回陕录科。仆仆半年，足迹所至八千余里，过此数日可作两月之息也。拓工自成县回，携到《西狭》《耿勋》并略阳《郙阁颂》，较胜常拓。《西狭》有额，并有下段题名三行，《耿勋》额甚高不易拓，石有流泉，纸湿难干，各寄一本，奉呈赏鉴。近在青门得汉官私印数种，颇有精者，拓出附览。巨秦八千万，疑是周秦之间物，纽作形，亦极古朴。闻苏亿

① 气：通"乞"。

② 潘、韩：即下文"潘宗伯、韩仲元"。

③ 承差：清代衙门撰写文稿等事之吏，亦称经承。

④ 录科：清代科举制度中，成绩优良的秀才、生员，为参加一省的乡试，需进行府试中的科试，以取得乡试资格。录科即科试。

年云尊处亦购得数品，与此相等，未知有可考否？乞教之。前求尊藏全分拓本，能得两分尤企，当托廉生缴价。《裴岑纪功碑》多无佳拓，朱拓一本奉呈，今日由金营[1]寄来者。墨拓甚劣，如可送人，当寄数本。《沙南石刻》已致营友觅拓，俟寄到必奉数本。明日有折便，匆匆泐布数行，余容续闻。不尽欲白。手泐，敬请台安。晚生吴大澂顿首。七月三十日。

十一

簠斋老前辈大人执事：

月初曾布一缄，并呈同官县唐造象一分，拓本数种，由王廉生农部转寄，未知何时达览。齐、秦相距三千余里，辗转邮递，辄数月得一书。按试所经，辙迹靡定，尤多稽滞，前惠手书并拓本各种，至今尚未递到也。大澂于十三日出棚按临汉中，行抵凤翔，阻雨五日。乡人持一破敦索售，器裂为三，无人顾问，细审之为虢仲城虢时所作[2]。文字虽少，纪事而兼志其地与人，似与他器仅著人名者不同，又为文王母弟，确系周初之器，是可宝贵。宝鸡县东有虢镇，为西虢故地，想当日仲、叔均封于此。尊藏虢叔簠是否秦中所得？虢季子白盘亦出宝鸡乡间。前得隨作父辛尊，苏七云得自乡人之手，或系同时出土未可知也。附呈拓本四纸，乞分贻同好。盂鼎四纸一并寄上，仍系俗工所拓，墨色稍浓，总不如法。此间拓手多自以为是，又不耐烦，以速为

---

① 金营：乌鲁木齐都统金顺的兵营。金顺当时正在协助左宗棠准备收复新疆的工作。

② 此处所谓“破敦”即城虢仲簋，著录于《集成》3551号，现藏于上海博物馆。按，青铜器铭文中有自名为“毁”者，宋代金石学家均释为“敦”，清代金石学家指出，“毁”实际应该读为“簋”。吴大澂称“簋”为“敦”，应是受了宋代金石家的影响。吴氏在尺牍中频频提到的某某敦，也应该是簋。

贵，教以先扑墨后拭墨之法，多不听从。幕友家人中亦能拓而不能精。汉中如有良工，当令精拓石门诸刻，安得琅琊拓手遍拓三秦碑碣耶！连日冒雨而行，昨抵凤县，馆于县署，听事[1]前有断石经幢，漫漶过半，款署“唐大历十三年岁在戊子二月戊寅朔十八日乙未建立”，亦《关中金石记》所未载。今日适为雨阻不得行，手拓一纸，几同没字碑。县令云，此石从未拓过，近地无拓手也。袁筱坞阁学所藏方尊，已寄京师，始终不得借拓为憾。近日友人所贻拓本，多半伪刻，与遂启諆鼎字形相类，略带方体，想系张姓所刻居多。又有一种，笔画甚粗，字口起线，却系铸范而非后刻。觚字在足者，往往有之，此等最难辨别。鄙意三代器多铸字，作伪者难于摹仿，汉器多刻字，后刻者易于乱真，如秦权、汉镫、弩机、印钩及六朝铜造像，多有可疑，似较商周彝器尤难审别。大澂所未敢自信者，愿长者明以教我。方元仲观察[2]持赠瓦当拓本二册，系孙桂山[3]手拓。孙君殁后，藏瓦百数十种悉已散失。其中颇有罕见之品，拟择其精者，摹刻成书。闻尊处所藏秦瓦有八十余种，倘蒙惠寄拓本，汇成一集，亦属巨观。至钩摹之法，或用双钩，或竟依拓本，亦乞详示为感。如长者有考证语，并祈录示，或仿题跋例，即书于上下四角空处，依阮刻王复斋《钟鼎款识》式[4]，未知可否？板样似宜每页刻一瓦，不用中线，若跨两页，中隔边线，未

---

① 听事：即衙署厅堂。

② 方元仲观察：即方鼎录，字元仲，亦好金石，藏有父乙尊。观察，清代道员的雅称，因唐代初设道时，设采访使、巡察使等。光绪元年，方鼎录任陕西盐法道，故称观察。

③ 孙三锡：约活动于清嘉庆、道光年间。字桂山、桂珊、桂三、子宠，号华南逸史、碧壶生、怀叔、褒叔。浙江平湖人，晚居海盐。曾官陕西盩厔县丞。博学好古，善鉴别。

④ 王复斋：即王厚之（1131—1204），字顺伯，号复斋。江西临川人。南宋著名金石学家、理学家和藏书家。著有《钟鼎款识》一书。阮元得到《钟鼎款识》一书后，请名工周良据之摹刻，并附隶书手写体考释，成《钟鼎款识》一书。

免有割裂处也。手泐，敬请著安。不尽百一。晚生吴大澂顿首。八月廿九日。凤县行馆。

十 二

簠斋老前辈大人阁下：

八月十二日接廉生信，内递到正月廿六日惠翰，并缩照吉金图五、款四、印一，又子振兄刻印、王君西泉刻印①，一一领到，至感至感。同日又接三月二日手教，所寄秦金石拓并素册五十六幅，斯相②书如此，当有前人所未见。展玩十余日，自觉篆书亦稍进。刻木不如刻石，刻识不如刻款，皆的论，惟大澂能摹而不能刻。刻工邢姓，刻阳识尚可，阴款不易肖，字细不能深刻，刷多则墨溢字口，即阮摹王复斋《款识》可见。拟令工人试刻二叶，一款一识，较其优拙，再为广刻。此间石工绝无佳手，他日得遇良工，仍以勒石为贵也。近得史颂敦、中自敦、叔男父匜、汉钟一、钫一、壶二，共七器，又造像、印、钩、弩机各种，并所见李勤伯太守③藏器，有可取者均拓寄上，乞审定之。印文奇字不可识，并求赐教。折弁即行，匆匆不及详布，敬请著安。晚大澂顿首。九月廿一日五鼓。

大著《聃敔说》可正经文之误，考古有裨经说，益信。《钱款识读记》再细读数过，甚佩甚佩。

---

① 王君西泉：即王石经(1833—1918)，山东潍坊人，字君都，号西泉，好金石，工书法篆刻，与陈介祺关系密切。

② 斯相：当指李斯，李斯曾任秦代的丞相。

③ 李勤伯太守：即李慎(1828—?)，字勤伯，汉军正蓝旗籍，奉天铁岭人，咸丰三年(1853)癸丑科进士，后官至西宁办事大臣。太守：清代知府的雅称，光绪元年(1875)，李慎以盐运使衔道员用西安府知府，故称太守。

周印[1]：

王逞玉印，刀法甚精。（即真亦弱）

孙武玉印，玉带灰黑色，满身土斑，阳甲城出土。（酌，真亦非佳）

龙蛇辟兵钩，文系错金，精妙无二，字体疏落有致，类《石门颂》，似在丙午神钩之上。钩文不可拓，已属刻工上板，俟刻成再寄。（伪）

永兴钩，字极细，为青绿所掩，不能拓。（疑亦伪）

长沙太守虎符，出土未久，满身红翠，错银文，尚带黑色。（佳）

王升镜，镜纯素，“王升”二字亦极古朴，与《石门颂》之武阳“王升”同名。（六朝玉）

清锡铜华镜，□□精□□□□。

史颂敦，盖有数字剔损，器字为青绿所掩，字口均尚分明。大澂自剔之，每日剔两三字，不敢伤其字口。此器出土年久，磨蜡甚厚，水煮数次，乃见真面目。惜为习见文，不足贵耳。（□可贵）

中自敦，字甚精，器亦与常敦不同，。（伪）

叔男父匜，字口磨去一层，仅存字底，铜汗灰尚存，未经剔过。（若尔则真）

汉建平铜钫。（真）

汉杜陵东园钟，此系新出土器，字大半为青绿所掩，大澂自剔之。（伪）

日入大万壶。（真，日入八十壶，真而不及此）

壬壶，此市鬻器，小品。（平阳共鏖甗，至佳，李勤伯太守慎之藏）

魏大统造像。（真，字泐，似石，软）

周保定造像。（伪。马落□）

周天和造像。（真）

西夏造像，甘州城东十余里龙王庙有西夏碑，碑阴梵书，与此正同。（与西夏碑字异）

---

① 整理者案：下文中真、酌、伪等判语实为陈介祺所书，文中加括号以别之。

霸陵过氏瓴。(至佳,得未曾有)

画凤砖。(泉范背同,真尚未佳)

又一造像,“弟子”下数字不可辨,乞审之。(砖近石)

二印字甚□□□□□□未佳。

十 三

簠斋老前辈大人杖履:

九月间有仆人入都,带去《耿勋》《西狭》及夏元诸石刻,又瓦当刻就样本,均托廉生转寄,旋又寄呈彝器、砖瓴、造像各拓,当先后达览矣。十一月八日,秦州棚内奉到九月二日手书,惠寄瓦拓三种六纸、砖拓一种二纸,至感。砖文“长安乐”笔法佳妙,用以摹印,亦极古雅。秦地所出砖,多官匠名,收得十余种,亦有可取者,鄙意朱文名印仿此别具古趣。所得砖瓦,因仆人所拓未精,又苦无暇自拓,均未寄呈。新岁少闲,悉数拓奉鉴赏。前在西安录科时,濒行得一币范[1],至精,从未见著录。拓上四纸,可分贻同好。已函告子年丈补入《泉汇》[2]矣。大澂自巩、秦两属试毕,前月廿四日由秦起马,月朔抵阶,陇南试卷较繁,绝少暇晷,事竣回署,当迫岁除矣。手肃布复,敬贺年禧,叩请颐安。不尽欲白。晚生吴大澂顿首上。嘉平[3]三日。阶州试院渺。

敝藏吉金及所见彝器,已刻八十余种,图款均刻阳文。所寄秦量、诏版亦均摹出,属刻工改刻阴文,尚未寄到。如阴款尚工,与拓本不甚相远,拟将尊藏各器与大澂所集拓本汇为一集,均刻阴款,阳识仍刻阳文,考释从简,较易成书,即《积古》《筠清》已刻者,亦不嫌重

---

① 币范:即铸钱币所用之模范。

② 《泉汇》:即《古泉汇》。

③ 嘉平:腊月之别称。

复。惟刻工只此一手,前刻瓦文甚迟,每月不及十叶,所摹款识积压甚多,不及兼刻。鄙意刻瓦易而款识难,都门敞肆尚有良工,拟将所摹瓦文寄至都中付梓,托廉生经理其事,刻价仍由敝处寄付,则一年之内,瓦文或可全刻。此间刻工责其专刻款识,亦不顾此失彼。明年春夏试事甚简,暇日较多,手摹稿本不致间断,惟求惠寄全分拓本,当于二月内寄奉百金[①]为拓费。汉魏六朝小品及泉刀范均求全拓。前示泥封可得三百余种,别为一集,未知已摹刻否?亦祈拓寄全本,当由廉生处缴价。当时阳甲城内乡民,于颓垣中掘得泥封数百,苏七尽得之以归尊处,外间流传绝少,以后亦无出土者。大澂访诸乡间,仅搜得二十种耳。三代彝器之富,鉴别之精,无过长者。拓本之工,亦从古所未有。先秦文字及周鉢、汉印、泥封、秦汉瓦当毕萃于尊斋,不可不精刻之以传不朽。所刻秦量、秦权、诏版俟岁暮回署寄览,即不能尽传古意,或差胜于《博古》《考古》耳。前得廉生书,知八月内所寄各拓,由子年丈处觅便寄陕,至今未到,或已递西安,归时当接读也。左将军钩与币范同时所得,乞释之。手泐,再叩著安。晚大澂又启。乙亥十二月三日。

十　四

簠斋老前辈大人阁下:

岁暮自陇南回署,迭奉手书并造像、弩机、砖瓦各拓之赐,感何可言。近得尊彝二器,系洛中出土,红绣完好,人名疑"穗"字,上从下从,《说文》"齐"字本象吐穗形,此字上从,当即"穗"之象形字。两器为一人所作,拓奉鉴定。又得九字瓦,系阳甲城新出土,非伪作,惜轮全缺,以重值得之。"无极"二字残瓦,亦所罕见。两年搜罗砖瓦,得此二片,可见秦瓦异制,亦复不少。惜乡人多不解事,或地不爱

① 百金:清代所谓"百金",即银"百两"之意,后"八十金"等,同此。

宝，无意中自得之耳。瓦器一品尚完，中有四字，与所示古瓦器鉢文相类，或系汉以前物。适有都便，检呈新莽残瓦拓六、建平残瓦拓一、万字残瓦一、千金瓦器一、两面隆起，中空，扣之有声，疑即秦人击缶。瓦拓三、瓦器拓二、隋虎符拓一、金文拓二，均求教之。匆匆不及详复，俟瓦拓检齐再布。苏七有书附览。手泐，敬请著安。不尽百一。晚生吴大澂顿首。正月廿二日。

粤东竹纸至佳，钩摹不费力，不损拓本。今夏事闲，彝器墨拓、瓦拓均可摹出，但刻手不能速耳。瞿经孳[①]刻《官印考》尚未竣，已将尊意告之。

十　五

簠斋老前辈大人台右：

腊月十九日凤县道中，接奉十月廿四日手书。此由子年丈交提塘递来者，较它信为速。廿六日回署，始得六月十七及七月十二、廿八、九月十日所寄各函，并石拓二分、瓦拓六十四纸又薄竹纸三束，至感至感。又弩机拓十八种至精，丰字古器二拓，从未见及。三代阳识字最可爱，作阳文印仿之最佳。古人一字便有疏散气，今人摹古多失之工。古瓦器鉢四字，与敝藏一器略同，当系秦汉以前物。去年曾于阳甲城得瓦壶，其盖象形字，类三代器，似非汉作，拓奉审定。所寄弩机拓，“永元六年”字细不易拓；一平漫者似“永初”，末行“史种主”三字最显；元初二年，郭有“八石，中尚方监作”字两行，至佳，上似“县虎”二字，“史种”名与前同，则上一郭亦似元初也；永和二年者，牙旁记数不显；永寿二年，郭内“王甲”二字当亦厌胜[②]之意；正始二年，字至精，倒书；徐州官弩，侧书，“徐”字“戴”字皆所未见；正始五年，字亦

---

① 瞿经孳：即瞿中溶之子，瞿中溶著有《集古官印考证》。

② 厌胜：古人用符咒等方法祛邪的一种习俗。

同，侧字不可识；河内工官，敝臧一弩略同弟二弩，“河”字异文；馆陶郣[1]小、京兆官弩最可爱，刻细白文，难得瘦劲，何古人之不可及耶！陈宗、邵赟一弩，制作异它，从未见及；冯久、李旋皆著河东，似同时作南阳工官，二柱一字不可辨，似亦“南阳”；“向氏”二字，当在牙侧。他日刻款识当一一记之。去年所见残弩有字者多未收，残瓦无人顾问，悉数收之，两年中得瓦五十余种，拓呈一览。尚有“长生无极”“长乐未央”百余种，皆未拓，文字无甚异同，不如“千秋万岁”远甚。先后所寄尊臧瓦拓，计三百四十余种，编目不易，因穷数日之力缩摹一册，细加校对，并原编目录寄缴，乞察入。瓦下注字者原编所无，注无字者裱册所有，而见惠纸本所缺，尚求逐一补寄。俾得汇成全本，按图而索，一览可知，苦心孤诣，当蒙鉴及。此册即存尊处，无须发还。长夏事闲，钩摹可毕，由厂肆刻工分刻，计可速成，然亦须一年外也。秦量、诏版摹刻数纸，似不如阳文之精到。细究其故，阳文则刻去空处而墨痕尚在，了然可见，故易于见长，阴文则刻去墨痕而奏刀偶溢字外，无从审别，故易于失真，且刻成后殊难修改。鄙意欲广刻款识而游移未决，如尊意以阴款为可，即不更议矣。秦汉文字较难于三代彝器，如燕翁[2]所刻《长安获古编》，他器颇精，惟秦诏版绝不相似，汉鼎字细者尤多失真，即此可见。究系刻工不解古法，未免有出入耳。昨以百金寄廉生，托其转达。除缴古鉢剪贴本及石拓二分价值外，尚余八十余金，聊助拓费。尊藏三代秦汉彝器拓，欲得一全分，如泥封有拓出者，求寄一分，当再续缴拓费。纸墨之精，为从来所未有，真是前无古人后无来者。敝藏古物无多，苦不能精拓，又苦无旁贷者，新春无事，仅拓瓦片数十纸，愧不如所寄之精。匆匆又将出棚，五月以后了无所事，前索拓本当一一报命也。近得汉钫，内外文同，向所未见，似“千四”二字；又有一环，不知何意；又得长杨鼎，新出土者，字体遒

---

① 实为“郭”字。

② 燕翁：即刘喜海，字燕庭，故尊称燕翁。

敛，乃汉武时物；玉造像一区，无年号，当系北魏文字，古色黝然，为造像中至精之品，拓奉鉴赏。手复，敬请著安。晚生吴大澂顿首。二月十日。

十 六

簠斋老前辈大人阁下：

前月得廉生书，知有惠缄并寄吉金拓本全分，日夕企望。计礼闱[1]揭晓后，必有公车回陕之便，五月中旬当可拜读也。日前西安本棚试毕，有墨客自省中来，以一鼎索售，据云得自洛阳，文字至精，与凤翔所出方鼎相类。有“周愙”字，有“帝考”字，疑为微子之器。《左氏传》“三愘”，《说文》作“愙”，此器作“”，左从各，右从，细审字口，不从吕。其为“愙”字无疑。鄙意“愙”“愘”“”疑即“客”字。古文多变化，随意增损，“三愘”即“三客”，《周颂·有客》《振鹭》“我客”，皆可证。字人名，不可识，疑即“启”字。“启”与“合”意相对，“合”从亼，象三合形，启从，象合半启形，或古文从，篆文变从户也。字细审字口，上从三人，即“众”字，师众当读为“帅众”，即《诗》所谓“追琢其旅”也。象马络头形，疑为字。帅众归周为羁旅之臣，即《诗》所谓“言授之絷，以絷其马”也。想其时抱器来周以存宗祀，迁播孤臣，礼数未备，仅以周客作此鼎敦用享考庙，礼亦宜之。“帝考”二字不经见，虽文王配上帝，亦不称帝，惟帝乙之子称帝考，似无疑义[2]。

---

① 礼闱：即会试，因其为礼部主持，清代会试向在春季举行，又称“春闱”。会试结果揭晓后，即便考中参加殿试，也在四月底结束，必有回乡者可代递书信，故有下文“公车回陕之便，五月中旬当可拜读也”。

② 此处所讨论的青铜器著录于《集成》2705号，现藏于南京博物院。吴大澂释为“愙”，并以之起了斋号，即著名的“愙斋”。但是，是否可以释为“愙”，尚有疑问。

汤盘孔鼎无其器，而宋祖法物至今完好，洵为千古瑰宝。寄呈墨本，乞审定之。又得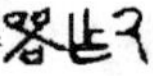爵与旧藏一彝同文，色泽斑斓亦相埒，当系同时出土器。又见二鼎，议价未谐。苏卫妃鼎与《长安获古编》文同制同，刘氏器，首字半泐。两器许至八十金，竟不售而去。秦中绅士家藏器尚多，惜不肯借拓。近知大澂不事豪夺，稍稍出示，而岐山宋氏鉴于南公鼎，所藏益秘。有一门下士求书扇，叩其藏器，仅示一敦，字为土掩，洗而出之，盖有十字，器则无，他未之见。蒲城杨氏借观数器，拓奉鉴赏。三原刘绅家藏一鼎，亚形，二寸许。中有五六行。土绣甚厚，间露数字，甚精。俟试毕回署，当向借拓。以山查黑矾法试之，似尚易去，此仅见之品也。昨按凤翔，望后接考乾州，月内试事可竣，□志搜访矣。手泐，敬请著安。晚生吴大澂顿首。四月四日。凤翔试院泐。

十　七

簠斋老前辈大人阁下：

十八日由廉生处寄到去腊惠缄，并吉金拓二分、秦诏瓦拓三纸，同日奉到四月朔日手复，赐寄瓦鉢拓五、秦诏瓦拓二，开缄伸纸，笑与抃会。前寄拓费百金，知蒙察入。此次属销二分，自留其一，余俟销去再寄值。藏器之精，纸墨之良，前无古人，后无来者。然非好之，真不知拓之贵，亦不知精拓之难。大澂寝馈其中，近于古文字大有领会。窃谓李阳冰[1]坐卧于碧落碑下，殊为可笑，完白山人[2]亦仅得力

① 李阳冰：安徽亳州人，唐玄宗时代书法家，尤精小篆。

② 完白山人：即邓石如（1743—1805），原名琰，为避嘉庆讳，以字行，号完白山人，安徽怀宁县人，工书法篆刻。

于汉碑额，而未窥籀、斯[1]之藩。大约商周盛时文字多雄浑，能敛能散，不拘一格，世风渐薄则渐趋于柔媚，如长者所谓王朝之文，疑皆籀史所开风气也。斯相遗书大集于尊斋，实千载一时之盛。秦拓十二种再求二分，十钟全形屏拓求一分，镜拓、泉范拓、泥封拓备求一全分，拓费陆续奉缴，并乞开示为感。敝藏器择其精者各拓十纸，俟拓齐检寄。兹有仆人入都，先寄汉刻各种，别纸呈览，余拓三两日内即寄。手复，敬请著安。晚大澂顿首。五月廿四日。

西泉先生刻印至佳，为近今所罕见。苦于远道无由寄石，敬求代购青田或寿山石印二方，请西泉先生赐镌"愙鼎斋古金文"六字，或仿汉白文，或仿钟鼎文。或作"古吉金"，乞酌之，一刻"恒轩藏石"，即于销拓中代送润笔为感。石之大小不拘，倘得尊书边款数字尤幸。大澂谨又启。

《裴岑纪功碑》宣纸拓一分，银二两。此种仅觅得二纸，自留其一。

又常拓本，五分，银五两。拓手甚劣，惟道远难致，兰州间有售者，每纸一两，西安则并此无之。

宣纸拓，《石门颂》少额，《杨淮表纪》。各一分，银三两。

宣纸拓《西狭颂》《五瑞图》一分，银三两。

粗纸香墨拓《西狭颂》《五瑞》二分，银四两。

宣纸拓《耿勋碑》，二分，银四两。

《石门颂》有续拓者，尚未寄到，补额亦未来，俟张茂功拓到再行检寄。《西狭》《耿勋》每种仅拓十分，均已分散，不及再拓矣。

---

① 籀斯：即史籀与李斯。据传统的说法，史籀是周宣王时期的史官，编有《史籀篇》。这是一本字书，所用的字体，后人称为大篆。李斯是秦朝的丞相。相传小篆就是由李斯等人整理推行的。

十 八

簠斋老前辈大人台坐①：

五月十八日接去冬十二月四日手教，并臧古吉金拓二分，其一已交西安大守李勤伯②，拓直俟其交到即补寄上，自留一分前已寄直，它拓直不足，后再补上。前寄汉刻想已到，《石门颂》续拓者不日张茂功即来即寄上。秦瓦诏残字至佳至奇，当是瓦器之同量者，从古金石家未见未闻，文字之福，于斯为盛，敬谢敬谢。瓦鉢拓五并佳，节墨之丌③释为“亢”地甚当，或即市之渻④，可备一说。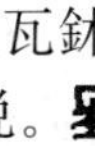即“封”，亦无疑。古文字多见自晓，然海内好古无如尊释之精确者，惜相距数千里，不获一一面承指画耳。六月十四日又拜五月廿五日惠书，竟拓瓦拓尚未至，先得函内各拓，至宝至宝。革曲是铜否？古鈢五、银鈢一极佳，拓亦至精无上。齐大二范、賹六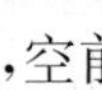范、石六四残范⑤，皆海内瑰宝。窃谓三代泉刀币范，宜附彝器款识之末，此古今有数之品，即墨拓亦极可贵。当世争购宋拓、唐碑，不惜数百金之费，而于商周文字独不知宝爱。如尊臧各拓，空前绝后，二三同好外，知者绝少，唯大澂好之最笃，得有重分，亦不轻与人。近益从事古文，极服来示运腕而指不动之说。钩字易似已书，此自来通病。直落直下、直行直住而曲折与力俱在其中，名论至确，服膺弗失，当有进益。学篆二十余年，患匀患弱，匀弱则庸，近始力辟匀而旧疾略去一二，弱则终不免

① 此通信札乃用篆书写成。所用字与习见者不同，详见各注。

② 西安大守李勤伯：即前见西安知府李勤伯。

③ 这里讨论的应该是一方齐国官玺，玺文曰“节墨之丌市工”，参看小林斗盦《中国玺印类编》卷五，天津人民美术出版社，2004 年。

④ 渻：同省。

⑤ 、：此类形体的字均见于古钱，以往的古钱学家和古文字学家都将它释为“化”，读为货，指货币。据学者研究，它应该是“刀”字。

也，幸教之。敝藏竟七十余种，精者不及卅。两罍室所藏亦多未精，均不逮尊鉴也。拓竟难于瓦当，手拓一分寄上，秋凉必有以报命。它日亦当集刻成书，期之三年，似可次弟及之。命作朱文“二百竟斋臧竟”印，俟刻成即寄，恐不如西泉先生之古雅耳。秦中铜印至罕，一年无所获，殊不可解。师垄父鼎早寄回南，家人不解拓，当托愉庭先生[1]遣工拓之。兹检呈方鼎拓、周窓鼎拓、亚形鼎拓、子抱孙父丁彝拓各十纸，又石刻周窓鼎图一，父癸毁、父辛毁、毁、父丙鼎各一。新得趩尊至精，器小字多，并呈审定，刻样四纸附上。毁制罕见。肃复，敬叩著安。晚大澂顿首上。丙子孟秋十二日。

十　九

簠斋老前辈大人执事：

前寄宗妇鼎、敦各拓，想已到。后又访知鄠县同出之器有盘、有尊、未见。有匜，无字。因敝藏无盘，遂购得之，拓奉审定。余器可不得，值廉亦可收也。前得周窓鼎，尚有一敦，物主留敦售鼎，并其器不可得见，同好中有见之者。近托人拓一全形，文似少逊，宝器作，然鼎字绿绣甚坚不敢剔，拟再索拓数纸寄上，两美不得合并，亦一憾事。今夏得瓦十余种，颇有佳者，近日遣仆赴淳化甘泉宫故址，拾得残瓦三，又购得四种“宜富当贵”，中有“千金”二字，甚精。今又遣人续往搜购，当不致绝响也。兹寄呈瓦拓二十三、残瓦片三、瓴拓一、盘拓一。昨日新得龟符一，红绿致佳，拓未精，当拓十纸续呈。此旧家藏物，又鄜延将铜牌一，并拓寄上。明日进省，重阳揭晓，匆匆检此奉寄，不及详述。手泐，敬请著安。晚生吴大澂顿首上。九月六日。

正封函间，接七月四日手示。承寄瓦拓十四、古蜡封瓦片一，至感至感。阴款瓦似范非范，至奇至佳。泥封求一全分，如尚未寄，可

[1] 愉庭先生：即吴云。

由子年丈转寄吴中。晚已乞假南归省母，计仲冬必可抵里[①]，恐有寄件，或相左也。拓值续缴百金，当托主试归韶带京转寄。竟拓未毕，回南后再呈。手泐，复谢，伏乞鉴察。晚大澂又启。

二　十

簠斋老前辈大人阁下：

前寄《石门》各拓，又由廉生处寄呈拓费百金，计已先后达到。大澂于十月杪交卸南归，濒行购得小品数种，皆极精，系西安故家所藏，非近今出土。兹拓寄秦二世诏版十分，新莽虎符、龙武军龟符、鹰扬卫龟符各五分。莽符涂金，易磨处金色磨去，字口内、花纹内金尚完好，有数字，拓不显，又不敢剔。此舒制军[②]旧物，去年欲借一观而不可得者，与钱献之[③]所藏武亭连率虎符制作悉合，不知钱氏物今归何所矣。诏版作瓦形，后有杙，满身青绿，刻字至深，想与燕翁所得同时出土。又得汉印四十余，有金印一、银印三、玉印三，内有一印如藕心钱，印文在内，旋转出之，可钤可佩，下半空处，疑尚有一印，拓奉审定。又得“诏发”二字印，以诏事戈例之，或亦祖龙[④]所制。四边磨

---

① “晚已乞假南归省母”一句：指吴大澂于光绪二年(1877)具摺请假三月，回籍省亲。

② 舒制军：疑即舒兴阿(？—1858)，赫舍里氏，满洲正蓝旗人，道光十二年壬辰恩科进士，曾为军机大臣，咸丰元年至三年(1851—1853)任陕甘总督。总督，明代曾称总制，清代总督一般带兵部尚书衔，且其全称中有“提督军务”，亦为军政长官，故称制军。不过舒赫德亦曾署理陕甘总督，故而不好判断，根据时间和经历等，舒兴阿的可能性较大。舒赫德(1710—1777)，舒穆鲁氏，字伯雄、伯容，号明亭，满洲正白旗人

③ 钱献之：即钱坫(1744—1806)，江苏嘉定人，字献之，号小兰、十兰。著名学者钱大昕之侄，通经史、小学，精小篆。

④ 祖龙：即秦始皇。

圆，当系常用之印也。舟行二十余日，今日始抵汉口，望前可达吴门。手肃，敬贺年禧不具。晚生吴大澂顿首。丙子腊月五日。汉阳舟次。

去年得铜币范，以为绝无仅有之品。不意今秋连得二范，一铁一铜。□釿[1]未见著录，即□□[2]釿五二十尚寽，亦与寻常所见不同。文字之精，直可与商周彝器并观，拓奉鉴赏。又得铅印范，其形如两面印而无孔，一面"长安狱丞"四字，一面上二字漫漶，下二字"园印"。印上一字似"长"，当系土范之母。乞教之。

二一

簠斋老前辈大人执事：

去冬还里后，即诵惠缄，寄示三代古陶文字各拓，至为心感。因欲以手拓本奉寄，苦于鲜暇，积不多而书亦久不复，寸心耿耿。归里所见器以沈仲复师[3]虢叔钟为第一，即张氏清仪阁[4]物，至今尚未往拓。曹氏怀米山房[5]器鲁遵□一、□□□且己角一，又鲁白厚父般一，在湖州顾氏[6]，见之上海。子□觥一，格白𣪘一，王作□彝一在吾吴张氏，觥盖作兕形，至精。又见顾氏臧𣪘，文曰"□白罴作宝尊彝，用贝

---

① □：即"垣"字，战国时魏国的地名。釿：本为重量单位，此为货币名称。

② □：即"梁"字。□：有"夸""充""冢""亢"等释法。

③ 沈仲复师：即沈秉成（1823—1895），字仲复，号耦园主人，浙江归安人，咸丰六年（1856）丙辰科进士，官至安徽巡抚，致仕后居苏州耦园，好收藏，藏室曰"鲽砚庐"。

④ 张氏清仪阁：张氏即张廷济（1768—1848），原名汝林，字顺安，号叔未，浙江嘉兴人，嘉庆举人，工书法，好金石，阁名清仪阁，有《清仪阁所藏古器物文》《清仪阁金石题识》等。

⑤ 曹氏怀米山房：曹氏即曹载奎（1782—1852），字秋舫，江苏苏州人，有《怀米山房吉金图》。

⑥ 湖州顾氏：即顾寿臧，字子嘉，湖州乌程人，监生，分部主事。

十又四朋”，下有方坐，坐内有一铃，钮舌完好，有文无□，尤为仅见。今年所获唯新莽无射律管，□阙二字又半字。录设盖一并拓呈鉴。年前寄上拓直百金，合前所呈百金，内以百六十为两全分之费，以四十金求尊臧印拓。若印举集成，即再补费，即不成，求以先拓各印寄示，或先示官印及异品，不论多寡，亦不计时月，恐入都后力不能多寄费[①]，则终不得一见臧印，它日求一不全本而亦不可获矣。昨又接二月十八日手教，并残瓦拓五十二，即以其一交愉廷丈，又惠五铢、半两、小半两范拓，敬谢。西安所出五铢土范，有极坚如石者，亦有极不坚者，皆不伪。尊臧彝器外，如龟符、鱼符各品，虽汉以后物，亦当附古金之后，幸先编目示知。今夏入都门，当专力钩摹款识，及早成书。近又得徐籀庄[②]自编释文八册，当择其精当者悉为采入。计拓本倍于积古斋，传古之意甚切，不敢缓也。唯廥鼎仅见覆本，恐不足据，尊处旧拓存者必有副本，求鉴其诚，寄示一读，日夕祷祀台蕲，未知长者终惠教之否也？里居酬应甚繁，裁迟滞，气谅之。瓦释二纸，拓本五种附呈。敬请著安。大澂顿首。三月廿二日。

二 二

簠斋老前辈大人执事：

韩伟功[③]南来，不知其处，未及往晤。月之九日，游焦山，重访无

---

① “恐入都后力不能多寄费”一句：指吴大澂学政任满回京。京官生计较外放为艰。

② 徐籀庄：即徐同柏(1775—1854)，原名大椿，字寿臧，号籀庄，浙江嘉兴人。从舅氏张廷济学，有《六书通摭遗》及《履仁乡金石文字记》等，又会稽《赵氏丛书》中有其《从古堂款识学》，释清仪阁藏器，下文所谓“自编释文”，疑即此。

③ 韩伟功：陈介祺同乡友人，因买卖，春季赴苏，冬季回鲁，成为陈与吴地学人往来信札传递者。

叀鼎，大可疑，当是明人仿铸，故多不成字，阮氏[1]定陶鼎则不伪也。由京口乘轮舟至上海[2]，昨早渡海北来，今晚可泊烟台。闻舍弟大衡中式[3]，亟欲入都，二十日可达津沽[4]。相距不远，望风驰想，遥叩起居百福。大澂顿首。丁丑四月十八日。黑水洋[5]舟中缄寄。

焦山无叀鼎文字既弱，又多缺笔误笔，虽古文随意增损多不一例，而此鼎变化无理，必系仿铸而失其真耳[6]。

，误作，彝器文字既字无从者。

，误作。

，误作，从之字，有作者，无作者，必系之误。

，误作，口字改作，无理之至。

，此字无理。

，误作，不成字。

，误作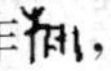，不成字。

，误作，不成字。

，误作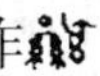，不成字。

，缺笔。

，缺笔。

---

① 阮氏：阮元，曾作《焦山定陶鼎考》。

② 由京口乘轮舟至上海：当时运河淤塞，江南至北京，多从上海出发海路北上。

③ 舍弟大衡中式：大衡，吴大澂胞弟吴大衡（1838—1896），字谊卿，苏州吴县人，同治三年（1864）举人，光绪三年（1877）丁丑科进士（中式即指此），历入张之洞等人幕府，甲午战争中在直隶预军事，积劳而卒。

④ 津沽：即天津大沽口，为海路入京必经。

⑤ 黑水洋：当日将黄海依海水颜色分为黄水、青水、黑水洋，黑水洋最深，海水颜色呈蓝黑，故名。海路由沪抵津，绕过山东半岛，船只需进入黄海较深处，必经黑水洋，此处风浪较大，时人多苦之。

⑥ 此处所论的无叀鼎，著录于《集成》2814 号，现藏于镇江市博物馆。

□，铸范不足。

□，下作□，无理。

□，缺笔。

廉生为大人病沉，心绪甚恶。伯寅师得师虎毁，不轻示人，尚未见拓本，即吾丈所极赏者，有“□”字，有“□□□”三字者，“敬”字作□者。□字疑即“助”字，古文假为祖考之“祖”①。子年丈交来复信，外书三册，并交原足带呈。

二　三

簠斋老前辈大人执事：

入都三月，久未奉书，正深驰念，今午拜到手教，开缄伸纸，喜不自胜。秦诏瓦量残字直与泰山琅邪刻石并为世宝，续获四种，何宝物之日出不穷，实开古今未有之奇。此必好古之诚，有以感之。“帝尽并兼”二字一行，合四字为一印，其为阳识无疑。若此铜印尚在天壤间，必又将出而大集于秦铁权斋②，大澂乐观其盛也。杞伯每亡鼎文至精，有平盖者尤罕见。三原故家有一无字鼎，其盖平薄，铸文甚工可爱。方鼎有盖仅见此一器，圆鼎平盖则未之闻也，可喜可贺。瓦器文字搜至八百余，亦古陶一大观，三代古文至今日而极盛。造物留此以待博闻多识之大儒而始泄其蕴，直足补钟鼎之阙。先寄子年丈一全分，略读一过即送交，明日当有复缄矣。□、□当即一字；□、□疑亦一字；□与□□同，《说文》“痕”训“殴伤也”；阳识□、□赉、□、□、□、疑即岁，陈釜作□。□、□瘤。等字即在彝器中亦至宝矣。□、□与□当即一字，或从弔从纟，或即“绝”字。□即“违”，□即“造”，□即

---

① 此处所讨论的师虎毁，著录于《集成》4316号，现藏于上海博物馆，拓片上钤有“伯寅所得”四字印。

② 秦铁权斋：陈介祺藏室之号。

“鱼”，即“鲜”，即“登”，或即豆，似非血。即“臧”，即“爰”，即“企”，即“忍”，即“祭”，即“赋”，即“买”，即“鼁”，即“乙”。以上各字似不必深求。皆奇字，不可尽识。亟求赐寄全拓，俾得细读而详绎之。无以为报，当释其文而付诸梓，以副传古之意。古陶印二有钮否？亦异品也。归里所见如两罍轩臧器，潘氏养闲草堂[①]所得曹氏器皆旧时曾见，向有拓本。曹氏字多觯今皆归潘者，文曰：“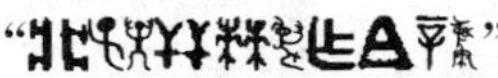”，三行十字[②]。又一小鼎，向未之闻，近观攀古楼[③]拓本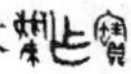，有尊题一行云，似记曹氏小鼎未刻者，因将此鼎钩出，其器不知何在。白睘敃曾手拓一全形，铃最难拓，恐伤其钮，无射律管即平安馆[④]物，七八年前早归敝市，为友人得之，非近年所出。徐籀庄《从古堂款识学》系其子钞本，皆有拓墨，八册并未编目，原书付刻以存其真，实至幸之事。日照许印林[⑤]金文考释约有若干𥃩[⑥]，尊处有副本否？徐书如欲一观，后有便足可寄上，它处不敢轻假人也。大澂近拟敃门[⑦]专事钩摹，以友人臧拓、自收拓墨次弟钩出，计可得千余种，八月内当先钞目寄教。如尊臧旧拓有大

---

① 潘氏：潘曾玮（1818—1886），字宝臣，又字玉泉、季玉，苏州吴县人，官至刑部郎中。其在苏州的居所称为养闲草堂。

② 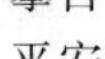实为一字，学者或释为“举”。

③ 攀古楼：潘祖荫藏室之号。

④ 平安馆：叶志诜藏室之号。叶志诜（1779—1863），字东卿，湖北汉阳人，贡生出身，官至兵部郎中。好收藏，能鉴识金石，著有《咏古录》《识字录》《平安馆诗文集》等。其所藏金石古物，为《筠清馆金石录》采录颇多，吴大澂或自《筠清馆金石录》得知其藏品。

⑤ 许印林：即许翰（1797—1866），字印林，山东日照人，道光举人。藏室名攀古小庐，著有《攀古小庐文》《济宁金石志》等。

⑥ 《说文》：“目围也，从䀠、𠃌。读若书卷之卷。”此处应假借为“卷”。

⑦ 今作“杜门”。

澂未及见者，并求假观补录，以期美备。袁氏[1]师遽方尊，器文不易拓，中有一格，近边处用小包如米大者始得拓足，寄呈一本，气教之。延煦堂[2]臧叔向父殷，"禹"字疑即晋叔向之名，文极茂美，手拓一纸附鉴，外鼎拓一，□[3]拓二，汉器拓二，并呈清赏。舍弟大衡幸与馆选[4]，辱承宠饰，感谢感谢。《长安获古编》泉拓，由子年丈交来，俟钞竟即寄还也。手复，敬叩著安。言不尽意。晚吴大澂顿首上。丁丑七月二十。

陈粟园[5]旧拓厝鼎，如有重本可以检赐，不胜感企。以长者厚爱，异于侪辈，用敢为此不情之请，不审鉴其愚谬，终惠教之否也？子振先生朴实可交，一见即相得，见拟延至虎坊桥慈幼堂，朝夕可晤，先生亦惠然肯来，大澂得一良友，拓器编目均可相助为理，知念附及。大澂又启。

彝器中□字向皆释作"旁"，或读作"邦"，于义未安。《积古斋》□伯虎毁"王在□"，卯毁"□宫""□人"，李山农[6]静毁"王在□京"，攈古楼臧毁"公□易奢贝在□京"，是毁文至佳。嘉兴蒋氏所臧壶盖"王在□京□宫"，大澂谓□字即镐京之"镐"，《说文》："镐，温器也。从金

---

① 袁氏：即袁保恒，袁氏藏有师遽方尊。

② 延煦堂：许延暄，字煦堂，汉军镶黄旗人，官户部郎中。

③ 即"虡"字，本是古代悬挂钟、磬等敲击乐器的架子两旁的柱子。

④ 舍弟大衡幸与馆选：前信述及吴大澂胞弟大衡中进士，科举旧制，在殿试定名次之后，除一甲直接授予修纂、编修等官职及部分分发主事、知县外，余者需参加朝考，决定去向。"幸与馆选"即大衡考入翰林院为庶吉士者，庶吉士三年后再分发称为"散馆"。

⑤ 陈粟园：即陈畯，陈介祺所用之拓手。

⑥ 李山农：即李宗岱（？—1896），字山农，广州南海佛山人，道光二十九年（1849）副贡。长期在山东为官，担任过济东道、布政使，在山东开办金矿，经营有方，同时喜好金石，收藏颇多，著有《李氏宝彝堂收藏吉金目录》等。李宗岱是晚清名臣张荫桓的舅舅。

高声，武王所都，在长安西上林苑中。”字亦如此。《邑部》：“鄗，常山县。世祖所即位，今为高邑。”然则“镐”“鄗”皆非本字，其为[illegible]字无疑。偶见及此，录请教正。它都邑不得称京。旁京、邦京皆不文，或以[illegible]、高形似而传误耳。

晋大康八年专、大吉昌专，诚如尊论，与汉魏碑之佳者无异，至感至感。近见一专，有“阳遂富贵”字，与臧瓦同文，必汉之工书者为之，惜以直昂未购得，拓墨呈鉴。关中友人为访得“长陵东罿”一瓦，不伪，俟寄到再拓呈教。关中所得专瓦，皆留南中，唯古竟悉数带京，可徐拓也。大澂再启。

二　四

簠斋老前辈大人左右：

前复一缄，交傅足带呈，此时当已鉴及。今午得前月廿八日手教，并拜齐化范专、豚卣拓之赐，至宝至感。三代化范当世所无，公得其七，大澂不唯为公幸，实为古文字幸。又惜三秦无好古真笃之人，若于咸阳故城广为搜访，未必无此奇宝。大澂入都后，力不能得彝器，亦惟日求拓本，为古人传此不绝之一脉。上丁入成均，观钦班彝器[①]，唯一方鼎一虡为至精，余三器伪，五器则无只字。十二日得秦二世诏版一，亦平安馆旧物，经火之器，幸未入敝肆，得之甚喜，拓寄审定。古陶八百，中多奇字，尚求赐一全分，必思所以报意。近假得延煦堂臧印百种，有周印二，拓呈赏鉴，含英阁取化[②]折附上，以后如有所委，随时示及，必不有误。敝寓大安，南营路北与敞桥至近，并闻

---

① 上丁：农历每月上旬的丁日。成均：“成均”出自《周礼》，后泛指国立最高学府，即当日之国子监。“钦班彝器”即“钦颁彝器”，藏于国子监内，吴大澂往观得见。

② 化：通“货”。

今年三晋旱荒较重[1]，饥死者累累。晋人之仕京朝者谋移粟以振之，大澂与闻其事，能有实济否，尚未可知。廉生有黄门之感，欲挈其幼稚入蜀，想已知之。子年丈无恙，才闻有齐化范专，亟欲一观。手复，敬叩颐安。晚大澂顿首上。丁丑八月十八日。适见胡石查一印，钮甚奇，拓出附上。

二　五

簠斋老前辈大人阁下：

前复一缄，并呈拓墨及含英阁折，未知何日达览。顷奉中秋前二日惠书，承赐瓦登、瓦片拓七百三十五纸，至感至感。煦堂所得叔向父敦，经火而中有缺，[illegible]鼎已归通州李氏，不知何以又入敞肆，暇时当代访之。金斄炉、苦宫锭二器，皆已经火，炉残而锭完。温壶字在足内，不可解。器在敞中，未得，似非叶氏物。元兴弩，索值过昂，亦未之购。车形且丁爵，“丁”字有土未剔，细审外轮，无可疑，其一作牺形者，铜质几烂，亦不伪。爵字伪者少，斝字真者少。阳遂砖万不能伪，字口、砖质均极自然，又未上蜡。大澂在秦三年，所见砖瓦伪刻、伪造者无奇不有，近所审定，百无一失。若仅见拓本，则未敢信也。是砖未得，非自藏之物，无所袒护，尊论有过严者，不敢不详论之。摹古文字，求似易，求精亦易，求有力则甚难，手临不经意有神似处，影摹经意多形似处，而神采终逊，力亦逊。大澂自摹本较《积古》《筠清》皆胜，恐刻工不良，则大失真，《积古》刻手佳，《筠清》稍次，稍失之肥重，然已不易得。承厚爱，不吝教诲，感何可言。自揣精力尚可求进益，影摹极费力，不专心则不精不似，此一二年无它事，必可尽力图

---

①　三晋旱荒：光绪三、四年(1877、1878)的山西大旱，时华北地区普遍遭遇饥荒，史称“丁戊奇荒”，山西地区尤为严重。吴大澂亦受命襄办赈务，后信中提及赈灾事，即因此而起。

之。收器无力，收拓亦恐不广，唯求诸家臧拓而钩摹之，可扩见闻，可传古，可补许书[①]之未及。海内真知真好，唯长者一人，知我者亦唯长者一人。廉生真好而所见有出入，如尊臧聃敦及大澂所得凤翔方鼎、平安馆趩尊，廉生皆疑之，此不可解。趩尊“扬王休对”，与虢叔钟“旅对天子鲁休扬”同一，颠倒或因误书而变其文，不能以此定真赝。审字审器，次者可疑，见器则易别。又有战国时细弱文字，审拓则伪，审器则必不伪。此在可删之列，而不忍割舍，亦大澂爱古之苦心，然不见器则不敢滥收也。吴子苾先生[②]藏册、钩本，均不可得见，如致书仲饴[③]，告以大澂意欲借摹。俟它处摹毕再借，则不同者不多，留数日即缴。大澂向不欺诳，亦极爱惜金石文字，不致污损失落，亦不转借它处。如仲饴所有之拓即不复借，尊藏拓册它日编成，先将稿本寄览，有遗漏者再乞校补。李伯盂[④]所得大鼎次于盂鼎者，世无拓本，唯尊处有之，此亦不可不收之器也。明日有津门之役[⑤]，为三晋赈事筹款运粮极繁琐，不易举办，亲往布置，半月即归。《从古堂款识学》先寄呈二册，恐来足不便携带，以后有妥足[⑥]，乞示及，并奉上古陶释文，它日求教。拓本一束，其有手拓者皆注之，因自拓不得暇，非

---

① 许书：即许慎所著之《说文》。

② 吴子苾先生：即吴式芬（1796—1856），字子苾，号诵孙，山东海丰人，道光十五年（1835）乙未科进士，官至内阁学士。

③ 仲饴：吴重熹（1838—1918），字仲怡，又作仲饴，吴式芬次子，同治年间举人，历任各地按察使、布政使，刑部侍郎及江西、河南巡抚。

④ 李伯盂：即李崇鼎，安徽宣城人，曾官兵部车驾司郎中，时收藏有小盂鼎。

⑤ 津门之役：即后信所谓“赴津门购米为三晋救荒事”。因当日华北旱灾，急需赈济。光绪三年（1877）九月初四，时为翰林院编修的吴大澂奉上谕“克日前赴天津，会同前任天津道丁寿昌，津海关道黎兆棠等筹办一切赈务”。

⑥ 来足、妥足：并前信后信提及“傅足”“原足”之“足”，即当日行脚邮送之员。

自拓又不足寄呈，非敢吝也。手复，敬叩起居万福。晚吴大澂顿首谨上。八月廿四日。

吴尊盖经火，在伯寅师处。六字刀无“化”字者至精，已交子年丈阅之。延煦堂器尚有可拓者，归时当借拓。敝藏镜去夏手拓三十余纸，因未拓齐，故未寄。近交子振兄十镜，已十余日，未缴一纸，此拓事之难也。敝处别无相助之人，有一仆，拓不佳。子振兄每月赠以二金，简亵可愧，故不敢相促。然京宦贫，况已竭力，唯冀多拓多赠人耳。皮纸封三十，由松竹取来，交原足带上。含英纸货多不备，如尊处取纸不应手，明年可改立松竹折[1]。

二　六

簠斋老前辈大人函丈：

前复一缄，又寄上徐氏《从古堂款识学》四册，交原足带呈，计已上达。大澂于八月廿七日出都，赴津门购米为三晋救荒事。初五日还京，适得前月廿四日惠缄所示齐化刀残专二拓，古陶廿四竟有完器六，而三代瓦器得其五，非长者好古之诚，格今契古，安得有此奇遇，可喜可贺。惜不令阮、吴诸老及叔未、籀庄、侃叔、印林[2]一见之，真后生之幸而前人不幸也。瓦器形制，是否作形，或即古瓦尊与？不可不图之刻之传之，为三代文字发此奇闷，自释出求教。近有左里振济之命，敦迫就道，初八往津。先此复谢，敬叩福安。晚大澂顿首。九月六日亥刻。傅足未知所在，徐氏《款识学》尚有四册，已封固，俟其……

---

① 松竹：即松竹斋，琉璃厂中的一家文房四宝店，即今荣宝斋的前身。

② 叔未、籀庄、侃叔、印林：即张廷济、徐同柏、吴东发、许瀚。吴东发(1747—1803)，字侃叔，号芸父，贡生，浙江海盐人。著有《群经字考》《六书述》《石鼓文读》《商周文拾遗》《钟鼎款识释文》等。

（此处疑有残缺，桢①注）

近无见闻，所得顾子嘉寿②臧拓墨，有重者检寄十纸。钟、盘、角、壶皆曹氏物，中伯壶致佳，失盖，与尊臧一盖同文，当即此器。以后在津之日较多，惠函或不及即复，第二次取复书当不误也。

二　七

簠斋老前辈大人座右：

九月初旬布复一缄，因傅来运③已出都，无从问讯。大澂赴津，留书京寓，又《从古堂款识学》后四册，令家人转付潍足④，不识何日寄呈。前交原足带呈复函及《从古堂款识学》前四册，当无失误。此系惠寄古陶拓七百余种之足便，是否即轿夫陈七十？何以九月十九此书尚未达到？两次寓书，皆有徐籀庄遗著，殊耿耿也。昨日舟行冠县道中，由馆陶驿递来津信，附有京寓各书。读九月十八日所惠一缄，承赐古陶拓、瓦登百六十又五十八纸，瓦器廿四又六纸，葆调拓、[illegible]毋忌两面印、齐刀残范、齐造邦无化字刀拓三纸。又读九月廿四日手书，分惠李山农所藏太保四耳段拓，大澂尚未之得。长途跋涉，寒夜无聊之际，得此至宝，心感厚爱，何快如之！古陶文字，日出不穷，大澂细心考释数千言，未尽录出，兹先寄呈数叶求教之。豆里当即豆量⑤，

① 即谢国桢先生。

② 顾子嘉寿：即顾寿，字子嘉，浙江南浔丝商富豪顾福昌之子，继承父业，开办旗昌缫丝厂等，任上海丝业公所董事长，又喜好收藏，尝请邹寿祺为其藏器编《石林山房彝器文字目》。

③ 傅来运：即傅足。

④ 潍足：赴潍坊之邮传员，时陈介祺居潍坊。

⑤ 豆里实即“豆里”二字，为民众所居住之里名。

非地名，、、、、[1]及、当系地名[2]。肊说未必尽确，然于古人造字源流，以彝器文字互相印证，似有一二心得处，非深于古者不能知之深。尚望纠其谬，正其误，使古人之心，不致终晦于数千载之下。来书所谓于许书之上集一大成，拟之三代作者。大澂不敏，窃有志于此，所见所闻求其广，不厌其繁，亦不敢自执己见，惟虚衷以求益，寝馈于此，博采旁通，以古鉥、古陶补彝器所不及。尤企长者时赐，启牖爱古传古，以存秦燔后一线之遗。大澂当力求进益，以报知己之感，不敢自隘自弃也。古陶器完者不易得，形制大小当不一。古登是否作豆形？阅拓本有平底有不平，字当在器内正中如段文，尚求详示，并约略图其形似，以资考正。新得二鬲一豆，虽无字，亦可见古制。有文如古吉金，尤罕尤可爱。他日如摹刻古陶文字，不可不以完器图形冠诸首，亦考古之一助。煦堂臧印拓有副本，归时检寄。其臧器，拓得一全分，精者皆见，器有十余种，极可爱，未及手拓，后有精拓，必奉寄。幼云[3]臧泉富甚，拓手亦良，在都未与往还，正拟秋凉访晤，不图有拯饥之役也。王以吾[4]前辈亦不甚熟，专力《续东华录》，于史学必潜心。葆调似键之属，与弩鐖异用。弩有钩弦之牙，有纳矢之限，是器无限无牙，似非弩，郭中有机可筦，未知何施？今所见千金氏器、完字器，俗称藕心泉，疑皆键属。“葆调”之名，姑存疑，俟海内博物君子共考之。新得齐刀化范残砖数十，奇缘可喜。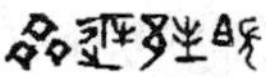

---

① 这些都是人名。

② 即城阳、蔓阳，地名。

③ 幼云：即杨继震（1820—1901），字幼云，祖籍江苏阳湖，隶汉军镶黄旗，官至工部郎中，好收藏，尤以钱币为主。

④ 王以吾：即王先谦（1842—1917），字益吾，又称葵园先生，湖南长沙人，同治四年（1865）乙丑科进士，官至国子监祭酒。编有《十朝东华录》《东华续录》（即后文《续东华录》），著有《汉书补注》《虚受堂诗文集》等。

[illegible]刀[1]，无“化”字，甚奇，至宝至宝。无[illegible]字一刀，尚未见，求赐拓墨。古刀币泉摹刻较易，石查惮烦，幼云有力能传古，大澂可任钩摹，再续一编，不过一月之功，即可集事。明春入都，当与幼云共图之。子年丈无恙，必乐观其成也。以上十月廿五日。卫河水浅，洲渚萦纡，一里数曲，日行四五十里。舟中甚闲，录古陶释文四卷。迭次惠寄八百余种，均已审绎一过，有不可识，有妄疑者，有可自信者，如尊见有所及，求书于眉，有不然，亦求指示，幸甚幸甚。续得各拓再续编，惟至道口登陆后，转运事冗，须躬自督视，又须历太行入晋境，察度灾区，亟议放粮，救死不暇，恐不及舟中之闲也[2]。《从古堂款识学》八册，当均鉴及，暂留案头，俟明年二月间寄还不迟。尚有装册百数十叶，半皆阮氏、张氏器，亦籀庄一生所蓄，有拓墨，无考释。当年与籀庄往还论古各家遗札，并装册内，明春当寄呈也。手复，敬请著安。余详别纸，不尽宣悉。晚生吴大澂顿首。冬月朔。

叠布复函，论古之语，千百言不能尽，它未暇及。承示《珂乡救荒记》及《邑侯公牍》[3]，所详担粥济贫，法良意美，非如公之心精力果，不能始终详密，实惠及民邑之人，感念不忘。在治人不在治法，天下事得人则理，荒政其尤难，尤非实力不可也。所论诸弊，皆阅历有得之言，谨奉教以行。惟晋省所患者灾区太广，费不足，粮亦不足。南路平阳、蒲州各属，东接秦封，南毘豫境，两省与晋接壤之处，皆属奇荒。雍绛无泛舟之路，不遏籴而无粮可购，千里荒区，竟成绝地。闭户饿死者，耳不忍闻，草根树皮，罗掘殆尽。民无盖藏，地无颗粒，外

---

① 此处所论为齐国一枚刀币上的铭文。据研究，这枚刀币的释文为“齐返（也可能是“近”）邦长大刀”，[illegible]即“大”字。

② “卫河水浅”一段：所言即吴大澂天津购粮后，运往山西灾区之途径。吴大澂自述光绪三年秋，在津购买高粱七千石，十一月中由卫河至道口，再陆运至泽州等地赈济。此书即作于卫河舟中。

③ 《珂乡救荒记》及《邑侯公牍》：《珂乡救荒记》即家乡救荒记，《邑侯公牍》即县令公牍，其书今不可考，惟知为陈介祺寄给吴大澂借鉴之荒政书籍。

无转输，□□赤子，安所得而存活。大澂于七月间始创运粮之议，无应之者，合肥相国[①]亦以费重运艰为虑。所费诚巨，所运诚无补，然多运一石，多活一命，非粮不足以救饥。即远来之粮，其值昂于本地市价，亦当远运以济其急，而不宜就地采买也。九月初奉命赴津会办赈务，即于重阳出都，尚无赴晋之说。津门总局，筹捐筹运，不乏长才，与其滥列吹竽，不如亲历被灾之地，广为设法，尽一分心，或有一分实际。因思晋省南路需粮尤急，由河南浚县之道口，至修武县之清化镇，可达平阳一路，与泽州、潞安二府尤为近便。大澂力任其难，购得高粱七千石，先为试运一次。于九月杪由津开驶，初十抵德州，十七日始达临清，廿六日泊龙王庙，明日可至浚县，即拟由陆用车转运，此大澂督运晋粮之源委也。晋省赈粮有三，一系奉旨截拨江安漕米四万石，合肥奏请改拨明年江广漕粮五万石，由招商局[②]垫价代购代运者。大澂所运糙籼四千石，及后帮续运小麦六千石，即此江广之粮也。一系招商局平粜之粮，由奉天购到高粱小米，由南省购来白籼、小麦，运至保定，转运获鹿，交晋省委员接收，即照原价加以脚费[③]，由晋省给价购备赈粮者。一系大澂在都集捐之款及南中善士醵金相助，由奉天采购高粱七千石，所需运费约一万四千金左右，即此次自运之粮，拟赴平阳亲自查户散给者。晋省运道亦有三，一由保定运至获鹿，或于泊头镇起，陆运赴获鹿，转运榆次，可济太原、汾州、平定州各属。若拨南路，则太远，山路至险，运费亦较重也。一由邯郸之苏曹镇，运至山西黎城县之东阳关，可拨辽、沁二州及潞安、泽州各属，

---

① 合肥相国：即李鸿章（1823—1901），字渐甫，号少荃，谥文忠，安徽合肥人，道光二十七年（1847）丁未科进士，官至直隶总督、北洋大臣，封一等肃毅伯。因李鸿章为合肥人，时为文华殿大学士，清人将内阁大学士拟为宰相、相国，故称合肥相国，下文合肥亦指李鸿章。

② 招商局：即轮船招商局，1872年李鸿章在上海主持创办，除航运业外，招商局还涉足其他事业，尤因其官督商办性质，可为清政府处理财务事宜。

③ 脚费：运输费用。

均不甚远。一由道口至清化镇,可达西南平、蒲、霍、绛各属。计前后招商局所运公私各粮皆赴获鹿,不下三四万石,北路自可无虑矣,南路数十州县饥民专待大澂所运之万余石,真属杯水车薪。又以天寒水浅,舟重运迟,缓不济急,无计可施。所经豫省卫辉一路,饥黎遍野,间有聚众掠食之徒,不知何时安抵平阳,寸衷惴惴,寝食不安。三晋奇灾,自古未有之事。数千里跋涉运粮以济民食,亦从来办赈所未闻也。区区数千石,若交地方官按照各县各乡均匀给发,一家得数升,并不能救活一人。鄙意拟择极苦村庄,查明极贫户口,每口给粮二斗,尚可度此残冬。计二千石可活万人。其势不能博济,惟有行其心之所安,尽其力之所能逮,救得一家是一家,保得一村是一村,如是者而已。子振兄邀与同行,此等事能吃辛苦者,亦不易得。所带三四人,可资臂助,弹压保护不能不借力于营弁也。途次泐布,不尽欲白,尚望教其不逮,至为企祷。晚大澂谨又启。仲冬朔日。汤阴道中。

以后惠书仍寄都门,由敝寓家报中转寄津局,必无失误。大澂出都后,因寓中皆妇稚,无亲族同居,属通家晏海臣安澜农部①来寓代为照料。海臣陕西镇安县人,新科进士,并亦附闻。子振之文郎到京,闻有腊月完姻事。适与子振相左,已属晏海臣代措二十金为回潍之资,想冬月底必可遄归矣。

二 八

簠斋老前辈大人执事:

---

① 晏海臣(安澜)农部:即晏安澜(1851—1919),字海澂,号丹右,陕西镇安人,光绪元年举人,光绪三年(1877)丁丑科进士,清末官至度支部参议、丞,民国曾任四川盐运使。此时晏安澜甫中进士,分发户部山东司任主事,故称农部,其中举在吴大澂提督陕甘学政之际,故有师生之谊,后甲午战争中亦随大澂办理军务。

去腊廿三日，在凤台县之周村接读十一月初六日手书，承寄铅扶比布十斤贝化，[illegible]鉥拓各二纸，至感。适以腊杪感遇风寒，一病四十余日，音问久疏，仅以所释古陶寄京，由东甫同年①转达。此次由晋旋津，在京憩息三日，始见傅来运。寄到古陶器完好无损，又得续寄陶拓，并由东甫处取来十月三日惠缄，承示陶拓一封，连前所寄，共领到七百卅七纸。分类粘册，实为三代古文一大观，敬谢敬谢。属购一间楼②丝带三条，照原式各加长四寸，封固交存东甫处。如尚未到，遇有专足，赴京向取。闻东甫抱恙，匆匆未及往晤，廉生亦仅一见，即有巴蜀之行③。瓦器圆底者当是量，完者难得，虽无字亦可宝。如有续收，敬乞代购数器，价值当寄缴。求书数字于上，倩工刻之，可垂久远。向疑蚁鼻泉即古贝，"十斤"文不可解，或即六化四化之意。鉥文多奇字，当皆六国时制，乞教之。大澂由豫入晋，所经数千里，属子振兄相助，求古一无所获。泉镜砖瓦，竟至绝响，古器多无字。近于津门得汉官印二，建始长印，别部司马。此外无所见也。大澂去冬督运赈粮，由河南浚县之道口镇，转至河内之清化镇，始闻泽州所属凤台、阳城饥民最苦，有人相食者。屡接曾宫保④书，属为分拨凤、阳各四千石，翼城二千。至腊月五日，由清化至凤台，所过各村庄，道殣相望，

---

① 东甫同年：即徐会沣（1837—1905），字东甫，山东诸城人，历任光禄寺卿，各部侍郎、尚书，工书法，颐和园中还有其手书中堂，因与吴大澂同为同治七年进士，故称东甫同年。

② 一间楼：疑济南"一间楼"店，主营纺织品及针线等，道光年间开办，专门的丝带店虽于光绪十年开设，但此前早有丝带销售。

③ 巴蜀之行：指王懿荣赴四川。据《王文敏公年谱》，王懿荣之父王祖源时任四川龙安府知府，光绪三年八月，王懿荣夫人黄氏病故，四年三月，王懿荣请假赴龙安河亲，并将子女一双带付其父照看。

④ 曾宫保：即曾国荃（1824—1890），字沅甫，湖南湘乡人，曾国藩九弟，随兄参与平定太平天国起义，统湘军围攻天京，城破后，加太子少保衔，故称宫保。曾国荃时任山西巡抚，故致书吴大澂，布置救济。下文所称曾沅帅亦即曾国荃。

从未见如此惨苦。道旁妇孺，面多浮肿，奄奄一息，命在旦夕之间。有数武[1]即倒者，有倒地而气未绝者，有一室之中数人僵卧半生半死者，有全家饿毙而人不知者。以一村计之，春间有千余口，至冬仅存三百余口，并无流亡在外。所见灾黎，讯其口数，或已死八口，或已死十余口，闻之辄为下泪。其时天寒河冻，远道购粮，缓不济急，地方官所给，月不过三斤，日不及一合[2]，如何存活。大澂仅存高粱千石，白米千石，即就所有之粮，赶为设厂放馍。以干面三两蒸馍一枚，约重五两，大口给二馍，小口一馍，择其至苦之地、垂毙之民，查户散给。自腊月望日开厂，陆续添设至二十六处，每厂收二千余人，多者至四五千，共养十万余口。以凤台、阳城两县而论，向隅尚多，只能尽此心力，保得一村是一村，救得一家是一家。赈粮不足，就近在豫境采运接济，其款由津、由鄂、由苏各省协助。飞函告急，大声呼吁，幸尚不致间断。盖正、二两月东漕尚未达晋，正在青黄不接之时，若不急为援手，又将饿毙数万人。大澂身历其境，不忍坐视，驰驱风雪，往来于太行、王屋之间，不及一月而病作，又为医者所误，多服柴河[3]，表散太过，气弱不耐劳苦，至二月初旬始得复元。旋由泽州前赴太原，与曾沅帅筹商一切，于三月十二日回津。子振兄尚在清化经理转运事宜，果敢有为，不惮烦琐，颇得指臂之助。凤阳各厂所需赈粮，计可敷衍至五月中，若再不雨，后难为继。恩旨续拨南漕十万石，苦于转挽不能迅速。晋、豫、直三省官粮，见有五十余万石，皆须由析津分路转输。舟车两缺，驴骡日见稀少，立夏以后驼只归厂[4]，运事益形棘手。

---

① 数武：即数步。古代以六尺为步，半步为武。

② 合：计量单位，十合为一升。

③ 柴河：即柴胡，用以表散风寒。

④ 立夏以后驼只归厂：清代内务府上驷院、兵部车驾司和太仆寺等机构，都有马厂、驼厂，牧养马匹、骆驼，以备使用。清初即规定，每年立夏后四日，将酌定数量的马、驼赶赴口外牧场，择水草丰肥处“出青”，深秋八月再行赶回。吴大澂所谓“立夏以后驼只归厂”，即指原先运粮所用骆驼，根据规定将赶回驼厂，按时出青。

此时不患粮少，只患运迟，百计图维，竟无良策也。直属灾区，以河间之阜城、交河、献县、东光、景州五处为最，重不减于晋、豫。合肥相国昨又奏请大澂督办河间赈务，月内即拟前往。奔走之劳，固不敢辞，惟地瘠民贫，灾广费少，恐难博济。幸南中来有善士十余人相助为理，即去岁在青州办赈诸君，或较州县吏胥稍有实际也。十五、十八两日，津郡得雨甚透，农民或有生机。购种分给，无此巨款，查田编户，均非仓猝可图，求密必迟，求速必疏，二者难兼，未知长者何以教之。手复，敬请著安。不尽百一。晚生吴大澂顿首上。三月廿一日。

顷至北关闲步，购得古玉鉥，色泽文字制作并皆精美，其纽与汉印覆斗略异。玉质润而纯白，字口内微有浅色，此古鉥中不多得之品。当即“事”字，字不可识，求教之。鼎尚在厂肆，索值百五十金，无人过问，可徐图之。湖水色高骊笺[1]，厂中惟松竹斋有之，随时可购。尗向父簋，煦堂近颇宝贵，伯寅师欲易之不可得。《从古堂款识学》八册，由舍亲沈韵初舍人处检出[2]，本未装订，惟两册有目，余皆未编，乞阅后先行寄还。尚有裱册数百叶，均系拓本及往来书翰，并无考释，因系散叶未粘连，不敢取出，如欲一阅，当再觅寄。徐氏所蓄，大约尽于此矣。河间之役，两月能否竣事，尚未可知。西北壮游，须俟赈毕再定行止，夏前尚难计及，即送眷回南，亦在七八月间矣。如蒙惠书，请交县署径递河间，较为便捷。大澂再启。

子振兄爽直勤干，颇自检束，亦不过饮，因属押运曲兴集距汴省七十里。所购赈粮尚未竣事，并留司事数人在泽州各厂，均极公正好善，子振兄亦得友朋之助。凤阳赖令来函，尚拟多留一月，计五月中可与诸君子结伴同归。大澂留赠盘费三十金，它日到津，仍拟邀至河

---

① 高骊笺：即高丽笺。

② 沈韵初：即沈树镛（1832—1873），字均初，一字韵初，号郑斋，川沙城厢（今上海浦东新区川沙镇）人。咸丰九年（1859）中举，官至内阁中书。收藏书画、秘籍、金石甚富。沈树镛是吴大澂的妹夫。

间也。晚大澂又启。其世兄开运如有所需，乞代付十金，由大澂处寄缴。

二 九

簠斋老前辈大人左右：

廿一日泐布一函，用马封①递上，未知到日迟速。河间所属，与齐接壤，一书往复，不及十日，邮筒当可无误。廿三日由京寓寄到二月廿七日手书，知前寄古陶释四卷已达尊览。去冬舟行卫河中，颇得暇日，今春驱车晋燕，风尘满襟袖，未得展卷稽古。长夏轮蹄稍息，督赈余闲，当访君子馆②故地残砖零甓，或有所获。古鉢古陶尚可续释求教也。承惠陶拓二百七十二纸，陈釜、秦诏、古鉢拓十一，敬谢敬谢。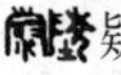疑地名，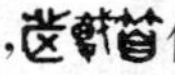似器用名，或即“市”字，小篆作。尊论即“前刍”，从，即“丵”省，即“篹”省，皆与鄙见同。字未敢定③。与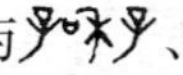、皆相类，古陶即古鉢文尤可相证④。即《说文》引《周书》“常故常任”之“故”，瓦文，鉢文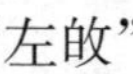，“左故”“右故”当系军中官名，即“卒”。即“军”，惟字屡见，究不可识⑤。

---

① 马封：当日驿站传递公文，使用棉纸制成之专门封套，上面以文字说明投递速度、要求等，通称“马封”。

② 君子馆：即汉河间献王君子馆，位于直隶河间，同治时曾在毛公墓出土过数块“君子砖”，故吴大澂希望去君子馆故地寻访是否还有遗存的“君子砖”。

③ 此处所论为一方齐国官玺，著录在《古玺汇编》0156号，释文为“清陵□職筲市（师）”。

④ 此处所论的分别是齐国官玺、铜器、陶文中的文字，著录情况可参看《古玺汇编》0233号、《集成》10374号和《古陶文汇编》3.488－3.495。它们可以分别释为“子栗子”“子和子”“子袠子”，“栗”“和”“袠”均系姓氏。

⑤ 此处所论为《古玺汇编》0196号著录的一方齐国官玺中的字，释文为“輤廏右故”。“廏”字有多种释法，或可释为“聚”。

疑"尚臧人"三字[①]。盨器是否完好？陈向釜残字至佳，其制当同陈猷釜。三代古陶文字集至二千六百余，其富莫京，大澂得见全拓，获多识之益，私自庆幸。前释四卷内有误妄处，久之自悟，如[②]下一字当系人名，四字虽有增损，疑即一字，释"荐"未确[③]，昔释"射"，今释"众"。如欲编刻，择其完者，汰其复者残者，亦足传古信后。且卷帙不繁，易于集事，不知大澂能与其役否？若今秋不复西征，得一年之暇，尚可肆力于古也。除前由历邮寄之书至今未到，不识浮沉何所。《长安获古编》原本，旋京即寄缴，尚有从古堂藏拓裱册，有《款识学》未及者，亦可寄阅。盂鼎未及手拓，时以为憾，它日入都，可图手拓数纸，必有以报命。退楼所藏齐侯二壶，向无精拓本，去春里居时亦当面错过也。明日即赴河间，束装匆促，不及缕述。此次查赈以察弊为主，牧令中有办理未妥处，随时与之筹议。亲赴各乡访察民隐，上下不致隔阂。合肥相国疏请特旨截拨南漕[④]十六万石，为直属二十九州县灾区发赈之需。日前粮米不少而舟车甚缺，转运不能迅速，即近在数百里间，亦多周折也。如蒙赐书，径递河间府城，即用县署马封亦可无失误。手复，敬颂起居百福。不尽欲白。晚生吴大澂顿首。三月廿五日。天津□□。

三　十

簠斋老前辈大人有道：

三月在津寄复两函，不识何时可至。大澂自月初周历灾区，由任

---

① 此处所论为《古玺汇编》0328号著录的一方齐国官系。据研究，此二字实为"尚路"，可能是《周礼》"典路"的异名。

② 即"楚郭鄙簠里"。

③ 此即"簠"。

④ 南漕：即南来漕粮。

丘、河间至献县汉宫遗址，君子旧馆，无可寻访，阜城、景州流民毁屋而去，雨后无归耕之人，殊可怜悯。今日由吴桥至宁津，见有潍县长盛堂收买古书处，询之则已行矣。贵乡距此五百余里，瞻望德星，恨不能插翼而飞，一亲颜色。此行几及千里，所遇集期，留意古陶器竟无所得，仅于景州获一子母印失子及无字汉竟，何古缘之浅也。牧令给振，病在迟缓，苦口劝谕，大为费力，弊则去其太甚而已。如有赐书，求寄河间，以后总在交河日多，不住郡城，涂次不及详述。敬请著安。晚生吴大澂顿首。四月廿三日。

三一

簠斋老前辈大人有道：

廿三日在宁津奉寄数行，付邮筒[①]径递贵县，当可速达。月杪由京寄到四月四日手书，又别缄三纸，署初五日，当系同发。所示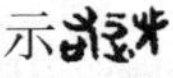[②]，至佳。当即“徒”之异文[③]，从“者”省，见潘臧齐镈。[④]，弟三字上半似“受”，下半泐不可辨，此官鉥，与向所见略异，字大无郭。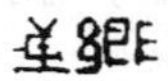自是汉印，近隶，亦所罕见。镜范三，至奇至宝。此见求古之力，使齐鲁之田父牧竖皆知古文字之可重，不任委弃瓦砾。地不爱宝，将日出而不穷，大澂何幸，得亲见之。又自愧所历之地较广，而搜罗之功不逮长者远甚，或诚之不至，抑亦缘浅，无此福分也。瓦登三十纸，惟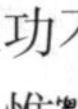未见，右二字当即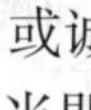，左似从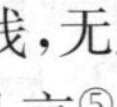从言[⑤]。客

① 邮筒：装信之竹筒，后亦泛指邮寄。

② 这是一方齐国官玺，著录于《古玺汇编》0282号，现藏于北京故宫博物院。

③ 此字有学者释“遂”，指乡遂之遂。乡遂是西周春秋时期的城乡社会组织。

④ 这是一方楚国官玺，著录于《古玺汇编》0042号，释文为“司马卒鉨”。

⑤ 即“城阳□”，城阳是地名。

中得此精拓，心目俱快，敬谢敬谢。二月廿七日。

惠缄已于三月廿三日由京转寄津门，惟陶拓一封及此次所赐陶拓刻联当在京寓，未与书函同寄。都下书皆由信局寄津，再付邮递。摄天津令王璞臣同年[①]，甲子举人，丙子进士。乃大澂二十年道义之交，今之循吏，其署中帐房陆振之又大澂之至戚，如有专足道出津门，即交县署陆振之，必无失误，南北往来书翰多由津转也。除前所寄一书，由历转丹初先生[②]处，至今未至，盖河东邮足较迟，丹翁亦不常通问耳。寄还四十金，且愧且歉，前后所赐古拓不可以数计，多未缴值，即拓人亦当有以奖之，以后新得之品，尚冀时惠拓墨以扩见闻，此区区者而复掷还，无任惶悚。前在秦中，曾于瞿经孳处见木夫先生[③]手拓镜幅，有镜范一，未敢定其真赝。以此类推，汉镜皆有范，范必至精。不遇赏鉴，亦韬采于沙石中，无复顾问耳。香涛[④]访得汉石，即吹角坝摩崖，有建安年号，蜀人俗呼夜郎碑，想尊处必有燕翁旧拓[⑤]。香涛拓不精而秘不示人，闻其遣工凿取，舁置学署，似未携归沧州南皮间。新出刁君墓志并未之闻，当再询之。都中汉器及印，大澂亦力求之，佳者绝少，即可得可失之品，值亦奇昂，玉印则从未见及。去夏

---

① 王璞臣同年：即王炳燮（1822—1879），字（一说号）朴臣，又作璞臣，祖籍安徽歙县，同治三年以江苏元和籍中举，光绪二年丙子恩科进士，官至天津县令，与吴大澂同年中举，故称同年。

② 丹初先生：即阎敬铭（1817—1892），字丹初，陕西朝邑人，道光二十五年乙巳恩科进士，历任山东巡抚、户部尚书、东阁大学士，在军机处、总理衙门行走，谥文介。阎敬铭时为山东巡抚，又受命办理赈务，故与吴大澂有往来。下文“丹翁”亦指阎敬铭。

③ 木夫先生：即瞿中溶（1769—1842），字苌生，号木夫，江苏嘉定人，钱大昕女婿。瞿中溶著述颇丰，有《三礼石经辨正》《汉武梁祠堂画像考》《集古官印考证》等。瞿经孳，即瞿中溶之子。

④ 香涛，即张之洞。

⑤ 燕翁：即刘喜海，字燕庭，故尊称燕翁。

得无字玉印七，其四已磨，必有字而毁于俗子，甚可惋惜，惟玉质多不佳，又无红浸。同乡顾骏叔[①]臧有全红色玉印，至可爱，文则细弱，不如敝臧之赵贤、王逞、苏步胜，大澂欲得之而未果。骏叔好古泉而印不甚珍，与愉庭丈为至戚，或可得之。其所藏十数印，余皆可笑也。张诗舲、许少珊[②]藏印皆未见拓，闻景剑翁所收旧玉甚富，亦未见。秦中尚易得，都下则无佳者。从古堂之刻，集资不易，校勘亦难其人，刻工尚在都中，留之慈幼堂属其教刻。徐[③]释厝鼎何以不见原书？尊处有钞稿否？羊毫笔、高骊笺，入都即代购。手复，敬请著安。言不尽意。晚生吴大澂顿首上。五月五日。

正作复间，由河间府递到四月廿二日手教，并录见寄书稿，拳拳雅意，感何可言。子振兄家用，知已代付十金，俟入都后寄缴，前已作书告慰之。凤台设厂尚未撤，大澂所带司事数人，府、县坚留之，不忍舍去，均尚得力，寸心藉以少安。河间各属，灾广民贫，粮缺费艰，事繁人少，官疲时缓，欲速不能，迟又不可。自揣精力，专任一县之赈或可稍尽此心，合一郡而总理之，安得事事周密。言其大略，约有数病，牧令中长厚而颟顸者居多，一二勤吏疲于词讼，命盗各案无日无之，不能专心办赈，一病也；上年秋收并无二成，年岁一亩收数升，至多者二斗，全境皆然。州县报灾过轻，强分差等，实则三四分歉与六七分灾毫无区别，已报灾歉与未报灾歉亦大略相同。既不全报，即不普赈，竟有极苦村庄死亡殆半，至今颗粒未领，二病也；合肥相国轸恤民艰，不拘定例，已于三月中通饬各州县，一概停征，一律赈抚。然向之

---

① 顾骏叔：即顾承，江苏元和人，字骏叔，号乐泉或乐全居士。顾文彬之子，苏州著名的收藏家。

② 张诗舲：即张祥河(1785—1862)，原名公璠，字元卿，号诗舲，今上海松江人。许少珊：即许诵恒(约 1820—约 1888)，原名许严，字倬甫，号少珊，室名寿石斋，浙江海宁人。道光十七年(1837)举人，官至长芦盐运使。

③ 徐：即徐同柏。

所谓成熟村庄,并未清查户口,此岂仓猝可图?故领粮已到,户册未齐,多寡不能定数,迟延之咎即严催亦未如何,三病也;放赈之原,以查户为最要,以户口核实为最难。州县平日不知留心遴选绅士,辄以为绅士无公正者,其所信则书吏耳,官亲、幕友耳。此时领粮,需人放粮,需人查户,又需人同城教佐,亦属寥寥。既不能多请委员,又不肯多邀绅士,若必遇事躬亲,何日得了。名为清查,实多草率,四病也;州县始以粮少人多,不敷分散,删减户口,往往过严,亦有拘泥每户不得过三口之例,人多之户所得无几。大澂访察情形,冒滥之弊少,遗漏之弊多,若吴桥吴令[①]但责村董造册,并未亲查,或滥或遗,皆所不免,五病也;各州县所领之粮,或就水次给发,或运城中开放,势不能使贫民扶老携幼,各户各领。大率由村董、地保一总领回,公同分散,或用小车,或用大车,既需运脚,即须派费。村董、地保之图利者藉此敛钱,克扣分肥,弊端不一,甚至每口扣粮一斤半至二斤外不等,贫民所得更少,六病也;河间民力最为拮据,各属流亡在外之户不下数十万人,查户则计口授食,必将逃户扣除。闻赈归来户口最难稽察,补不胜补,查不胜查,稍宽则已领者又来冒领,过严则后来者必致失所。前经大澂咨请合肥相国转咨顺天府及札饬各局司道,查明京城、保定、天津各粥厂所有外来饥民,资遣回籍时,每户各给护票,填注县名、村名、口数及左右邻,造册分送各属,即由各州县验票放粮,随到随补,不致向隅。此外,往来邻县及逃至南路山左地方,并无执照可凭。村董惮其烦琐,不为补报,州县防其冒滥,不敢遽收,因此进退维谷,奔驰于道,数日不得一餐,倒卧路旁,奄奄一息。大澂目击情形,竟无良策,七病也。大澂周历各乡,严加稽察,一月以来,车无停辙。惰者警之,缓者促之,有弊则惩之,不足则请益之,人少则群助之,过严者导之以宽,窒碍者改弦而更张之,未暇求密,以速为贵,未暇防滥,以救死为急,在任邱则逐其劣幕,在故城则诛其劣董,并请合肥严

① 吴令:吴积鋆,字春生,浙江钱塘监生,于光绪二年(1876)任吴桥知县。

札记过。惟吴桥户口未查，竟无急就之法，该令专以公牍文字见长，一味粉饰，从未下乡亲查一次，粮到不发，玩视民瘼，殊堪发指。虽经摘顶①，勒限严催，恐亦无补于事矣。现在交河、东光筹给籽种之资，自当择其有地无力者，按亩匀给。然极贫之户并地而无之，目睹颠连，忍而不予，问心终觉未安，不能不量为变通，于籽种之中仍寓抚恤之意。总因赈粮不敷，未能无憾，不敢太严耳。近因查户无善策，苦思数昼夜，得一简捷之法，已亲自试行，流弊当少。每至一村，就其空阔地方，令贫户大小男女团坐于地，一家聚于一处，先择其衣服整齐、面无菜色者，遣之使去，有非本村土著，与众共逐之，再择其困惫不堪、全家饥饿者，次弟给票，间有外出之人，众论以为不妄，察其真苦，按口给之，非真苦者，除其出外口数，闺女已嫁者不给，防其两村重复，家有病人，验明再给，已领票者，即令回家，不准杂厕其间。所余次贫之户，可给可不给者，或酌减其口数，或竟汰之。虽有一百余户，顷刻可竣。在众目昭彰之地，村人只有此数，一杜往来复领之弊，二杜亲戚冒充之弊，即极贫次贫，相形之下，一望可知，即改换破衣而神色不类久饥者，皆可删除。虽系貌相，亦觉平允无大出入，较之按户编查，事简而弊少，惟大村大镇多至数百户者，此法亦恐难行。质诸尊见，以为然否？求教之。穷乡户少，村董每多朴实，所造之册有一口不增减者；城厢大镇，易于藏弊，董事似乎明练，出入衙署，最多狡猾，若事前实力讲求保甲，则清其源矣。大澂谨又启。

如蒙惠书，无须由历转递，即用县署马封，上书贱衔，注明递至交河县探投，不及十日可达。大澂不复在郡城设局，恐与各属相距较远，呼应不灵，惟交河为设中之地，与献县、景州、阜城、东光皆在百里以内，半日可达。河属灾区以阜城为重，景州次之，献、交、东又次之，其余六县较轻之地未能兼顾，恐精神不及贯注，必致顾此失彼，不得不权其轻重也。劝办开井，亦须躬自督率方有成效。再请台安。大

① 摘顶：即摘去顶戴。

澂再拜。五月六日。

三　二

簠斋老前辈大人杖履：

六月初七至初九日，详复三十二纸并检寄封泥拓八十纸，虎、龟、鱼符拓十四纸，因无入都妥便，尚未封寄。兹有昌邑县民苏先贤回东之便，求给一书以免途中盘诘搁阻，因将关中友人寄到吉金残瓦数种拓呈鉴定。兹附古币、古鉥拓二封，币文多不可识字，求教之。空首币小币字多者，均不易得，惜乎鲍子年丈之不得见耳。雨后酷暑，案牍稍闲，泐此奉寄，不知何日可到。敬请道安。晚吴大澂顿首上。七月八日。

狊狄钟拓。

五铢泉铜范拓。

兴定宝泉铜版拓。

鹿瓦。永始元年残瓦。永三年残瓦。

居摄残瓦。甘露残泉范。

空首币两面五字。乘垣一釿[1]圆币。

[2]鉥。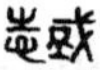[3]鉥。

以上皆关中友人杨实斋[4]代购，寄至都门。光绪八年六月十八日。领饷官[5]由都带来。

---

① “乘垣一釿”为古币上的文字。下同。

② 据研究，印文即“中（忠）身（信）”。这是一方吉语印。

③ 即“志戠（?）”，人名。

④ 杨实斋：西安古董商人。

⑤ 领饷官：军中负责领饷之人。

奇字小币。虞一釿币。[①]一釿币。[②]一釿币。

[③]鉨。以上皆旧藏。

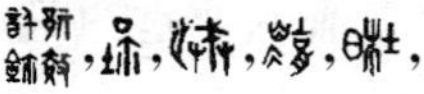,以上五鉨亦今春所得。

三　三

簠斋老前辈大人左右：

六月初三日奉到五月廿三日手书，系由河间转递交河，若径达则不及十日可到。承示复赈事八纸，至感至感。地方官办赈，真心少而具文多，故不耐烦，不用心体贴，不能真知民间疾苦，不如好善之士，以救人为乐而自忘其劳苦，以民命为重而不嫌于琐屑。凡事以真为贵，真好古则有真知，真爱民则有实惠。河间绅士绝少相助之人，不如贵乡，谊重桑梓，官绅协力，呼应较灵。大澂始意不过提纲挈领，任督率稽查之责而已。及周历灾区，实见办事人少，拘泥迟钝，动为民累。即如放钱一节，非预为措备不能源源接济，本地无钱可换[④]，须至数百里外，舟车并运，稍一间断，老弱贫民忍饥守候，受累不浅。前月在吴桥放给京钱五万余千[⑤]，随查随放，半月而毕，最为迅速。以

---

① 据研究，此即“魏”字，地名。

② 即“枱”字，地名。

③ 即“登画”，人名。

④ 无钱可换：清代货币大宗用银，小宗用钱，大体如双本位之制。朝廷赈灾放钱，因同等价值之银两远较铜钱为轻，故需携银两抵灾区，换钱发放，百姓方可用钱分散购买粮食等生活保障品。

⑤ 京钱五万余千：清代除了制钱之外，还有各种实际的钱币和拟价货币单位，京钱即其中之一。康熙年间曾铸造一种比制钱更轻的小钱，主要在京津地区流通，晚清时期京钱成为一种不存在实物的拟价货币单位，一吊京钱大体等于半吊制钱。清代钱币单位，除了单个的称“文”之外，还有一种常用单位，即一千文等于一吊，因其数量，也被称为“千”，故此有“五万余千”之说。

一身任一县之事，尚能周妥，若兼理数县，同时并举，势必顾此失彼。且一时无此巨款，不能不枝枝节节而为之。先其所急，次及其所轻。敝同乡李秋亭司马[①]由阜城而及景州、东光，近又兼办武邑、故城，大澂以交河、吴桥为己任。昨来宁津，已派司事赴乡查户，献县则有盛杏荪观察[②]分任之，惟筹款则由大澂总其成。先后上书合肥相国二十余函，发棠之请，至再至三，请益不已，继以代筹，代筹不及，继以借垫。陆续借拨海防经费八万余金、以南省丝、茶各捐作抵，尚有不足。李秋亭集捐四万余金、都中同志捐寄万余金、他省协助万余金，所放之钱几及十五万金。宁津、故城二县，尚须续凑一二万方无遗憾。去冬至今所拨赈粮，河间十一属亦有十四万余石，似不为少，此皆州县所放，未能尽善。大抵侵冒少而遗漏多，大澂所谓过严之弊在此。州县不能亲查户口，辄责村董自行删汰，送册到署。胁之以威，肆行鞭责，村董情迫，多将册内抽去数叶。贫民之不得领赈，误于村董之畏罪妄删，实误于州县之任性用刑，此吴桥县事。此有心之遗漏也。乡曲小民，或一村无识字之人，造册必延书手，纸张费用，按户摊钱，其逃亡之户，无人代为出费。户册无名及闻赈归来，州县之精细者，按籍而稽，有则补而无则不补，其颟顸者，概以为浮冒而拒绝之。即询诸村董，有实告，有不实告，此无心之遗漏也。大澂以为查赈易而补户难，竟无善策，惟有察其情迫者给之，即有重复，总系极贫，面无饥色者不补，即真遗漏，亦在可给可不给之间。如平日讲求保甲，有册可凭，此

---

① 李秋亭司马：即李金镛（1835—1890），江苏无锡人，字秋亭，故吴大澂称其为同乡。李金镛曾办理西征粮台，后经李鸿章派往吉林，长期为官，参与过中俄勘界、漠河金矿的开采，此时以捐输所得同知衔，主持民间义赈，同知雅称司马，故名。

② 盛杏荪观察：即盛宣怀（1844—1916），江苏武进人，字杏荪。盛宣怀长年追随李鸿章，办理过纺织、铁路、电报、冶炼、新式学堂等产业和事务，历任津海关道、邮传部尚书等职。盛宣怀时奉李鸿章命，以道员办理赈务，道员雅称观察，故名。

等弊窦较少。然吴桥之病,病在先办保甲,非亲历其境,不知其致弊之由。去年办保甲时,该令于公牍文字,至为周密,其实借此沽名,仍系责成村董自行造册。乡民惜费,往往一百户中仅填六七十户,其不出费者不入册,以为无关紧要。及至领赈,悉以保甲户牌为据,不准多开。村董之长厚者,不论榜内有名无名,即以合村所领之粮,均匀散给,故升斗数目与县官所给不符。亦有村董照榜给粮,则保甲册内未开之户均不得领,此办理保甲不善之故,自以为无弊而弊更甚也。大澂所放之钱,均由贫户自领,不涉村董之手。按户给发,略为费事,久则自熟,每日可放二千余户,不致稽滞也。手复,敬请道安。不尽百一。晚生吴大澂顿首。六月三十日,宁津赈局泐。

前函书就,适以赈事冗集,筹款运钱,往来书翰,络绎于道,均取办于一手,日不暇给,未及缄付邮筒。今日事稍间,特检玉印手拓十二纸,寄奉鉴赏。此外一无所得,亦无所见。闻近创收买棉衣之议,每逢市集,派人赴乡收衣,有时亲自赴集,烂铜破铁中无一古缘,即残砖断瓦亦竟寂然。据土人云,去年间有古器,多为齐鲁人购去,益佩长者搜罗之功为不可及也。愉庭丈来书,谓尊藏古陶已得二千余种,想新拓墨本必蒙惠寄全分,陶图不可不刻,以完者冠首,残片附后,文同者可汰之,精刻足以传古,足以信后。大澂俟振竣后,得有余间,当罄所知,乐助厥成也。四月廿二日赐书,前月由京递到。父戊爵至精,与同意,疑 为"火"之象形,或即"尞"之省。宸豫门龟符,开闭俱完,至可珍爱。苏亿年曾言之,梦想已久。武氏铜符绝少,愉庭、子年丈各藏其一,尊藏二品,大澂亦得其二,海内异宝,皆前人所未见。左武卫将军鱼符一,朗州、滑州各一,精拓可喜。陶拓五十二中有异文,字作,移于外,甚奇,作亦奇①。字小而精②。为积画字,或释"菁",求教之。竟范绝无仅有,宜仿刘氏宝

① 此皆"陶"字。

② 即"东酷里安"。"东酷里"是陶工所居住的里名,"酷"是陶工之名。

化范制椟,铭之“永为世宝”,敬谢敬谢。廉生入蜀,都门少一同志,通闻亦不易,念之甚切。大澂当于八月初入都,《长安获古编》稿本拟即交东甫转寄,《从古堂》八册望于中秋左右寄还为感。宁津距潍不远,不获假道奉访,瞻望德星,无任依恋之至。原札饬胥录稿寄上。晚大澂再拜。七月初九日。

三 四

簠斋老前辈大人阁下:

七月中在宁津沥寄一缄,当达台览。大澂于八月杪由津入都,德薄运蹇,连殇子女[1],心绪恶劣,郁郁无可语。自古名不副实,为造物所忌,惟有恐惧修省,自讼其过失而已。知己如长者,当亦闻而怜之。近晤东甫,知潍足久未到京,月内当有人来,特检各拓交东甫寄呈鉴赏。长安贾人寄到尊一,敦盖二,爵二,觚一,瓦当四。此二年中关中所出,仅此尊最可爱,商器之至大者。自存印一百九十三,宋元明官印三十六,有不可识字求教之。竟拓五十四,乃自留之一分,屡欲重拓寄上,率率少暇。去秋子振兄仅为拓得四五种,恐难速成,先将自存者呈鉴,余皆不精,仅胜于退楼丈所藏耳。专拓四十四,无年号,因拓手不精,不敢寄上。兹特附呈一分,聊备检阅。东甫处见有千秋专拓,能赐一本否?手肃,敬请台安。晚生吴大澂顿首。十月十四日。

彝器拓十一。

泉范拓一。青绿至厚,得之厂肆。

竟拓五十四。

瓦拓六。

---

① “大澂于八月杪由津入都”句:吴大澂待赈灾告一段落,于光绪四年(1878)八月十八日抵达天津,二十日,其九岁独子吴本孝,病故于京师寓所。九月,吴大澂回京后,长女又因久病亡故。

专拓四十四。

自藏印一百九十三。

自藏宋元明印三十六。

延煦堂藏印九十八。

三　五

簠斋老前辈大人函丈：

月之五日由津入都[①]，翌晨晤东甫，交到十月九日手书。承惠古陶拓百四十四纸，古陶屏图六十三幅。姚公符[②]兄心细如发，作图之工，从来所未有，敬佩敬谢。当托东甫寄奉十金，聊助纸墨之费。陶拓异文甚多，有前释所未备者，有前所误释尚须更正者。正在编册注释，欲一一求正于长者，而吏部传于十六日引见，遂为它事所扰，未暇伏案作书。十七日蒙恩召对，两宫垂询晋灾，大澂力陈民困未苏，亟须培养。又问牧令贤否，言其大略，未敢指实举劾。上意殷殷，总云流民太苦，朝廷对不过百姓。闻此天语，令人感泣。次日奉旨，以道员发往山西，交曾差遣委用[③]。闻命之余，悚惶无地。此次谕旨，无分发、补用字样，仍系记名，遇缺简放，不归晋省道班[④]。晋中有缺亦可请补。两宫轸念饥黎，特命前往，自当感恩图报，力効驰驱。拟即于正月初旬出都，眷属仍留京寓，未能同往。地方凋敝，官民交困，为

---

① 月之五日由津入都：光绪四年十月，吴大澂赴天津处理赈济未竟之事务，十一月初五回京。

② 姚公符：陈介祺所用之拓手。

③ “吏部传于十六日引见”一段：光绪四年十一月吴大澂由吏部带领陛见，并有旨“吴大澂着以道员发往山西差遣委用”，即交山西巡抚曾国荃委用。

④ “此次谕旨，无分发、补用字样”一句：指吴大澂以记名道员到晋等候差委，并不归入可以遇缺补用的山西道员班次。然晋行未成，该年末，吴大澂即实授河南河北道，见下信。

之司牧者，惟有节用爱人，相与休息，以仰副圣人仁厚之怀，不知老前辈何以教督之。连日酬醋，未得少间，腊月稍暇，尚可从事古训文字。明春入晋后，便当暂屏一切，未敢纷心。命书联语，当交东甫寄呈。《长安获古编》稿本，尚有十余种未经摹出，有两日之功，即可竣事。年前必交东甫，不再迟也。子振兄自晋回京，仍以笔墨为生涯。在汴梁代购玉印甚佳，[illegible]字不可识[1]，求教之。手复，敬请著安。晚吴大澂顿首谨上。

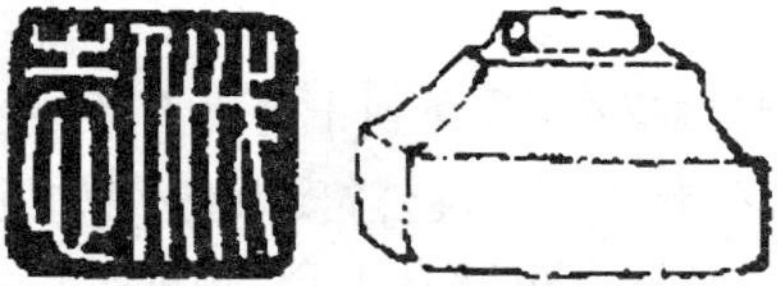

玉白质而黑章

是印制作与事[illegible]玉印同，大小亦类，似汉以前物。[illegible]字似非姓，或亦周末文字，若汉印则皆姓名及吉祥语，与此小异矣。簠斋老前辈鉴定之。大澂识。

前书未寄，接十四日惠缄。寄还《从古堂款识学》八册，古陶拓八十八纸，敬领谢谢。闻专足明日即行，《长安获古编》稿本此次不及封寄，尚有汉唐随晋各铜符拓及泥封拓数十种未及用印题识，当于月初交东甫续寄。长安友人代访铜印，得一百五十三种，中有至精者，有罕见者尚未购得。先将样本寄呈一阅，俟寄到精拓再呈。湖色东纸明早往购，即交原足带上。匆匆复数行，不及详述。大澂再拜。十一月廿七日漏下三鼓。

东纸二十幅，每幅可裁六叶，约可装拓墨六十册。此次系发笺，染色尤为古雅，以此作书，亦宜如尊意。尚欲续购，乞示及之。其值每幅京钱六千，每两银易钱十七千，并以附闻。敝处应缴拓费十金，又子振兄代付十金，除付纸价外，当交东甫代存也。

① 此字即“戚”字。

三　六

篮斋老前辈大人执事：

去腊接奉手教，十二月五日发。承示古鉢、泥印并陶拓三十五纸，敬谢敬谢。鉢文至精，字似与颂鼎字类[1]。陶文三行有直阑者，末一字亦相似，究未敢定。“右攺”陶拓。“左攺”可证《说文》“常攺”，详加细绎，与小学大有裨助。“梧成右尉”至佳，泥印尤未之闻。齐化刀铜范、石范八百五十一种，装成二分，大澂愿留其一。缴价五十金，或濒行交东甫，或俟到任再寄，其书乞寄存东甫处。遇有豫便，往取亦易带也。大澂前奉发往山西之命，正拟束装，定于正月初旬出都。腊月十八日又蒙简授河南河北道缺，次日谢恩，蒙谕即赴新任，毋庸前往山西。自顾铨材，遽膺宠擢，既叨非分，益切悚惶。河朔彰、卫、怀三郡，为前年被灾最重之区，去秋沁堤冲决，又有被淹地方，此时正宜加意拊循。幸涂朗轩中丞[2]朴实爱民，实事求是，与大澂素所深契，志同道合，一切公事，有所禀承，藉资历练，此私衷所窃喜，堪以告慰知己者。子振兄已订同行，惟脩脯菲薄，未免简亵。若在都中以笔墨自给，能暂而不能久耳。俟开印后[3]领凭，月内计可就道。新年酬应事繁，未暇伏案。《长安获古编》尚未钩毕，二十前必交东甫。手复，敬请著安，并贺春禧。晚生吴大澂谨上。己卯人日。

前函书就未缄，兹接十二月廿日赐缄。承惠陶拓二百三十三纸，

---

① 此玺即《古玺汇编》0195号所著录的一方齐国官玺。

② 涂朗轩中丞：即涂宗瀛（1812—1894），字阆仙，亦作朗轩，安徽六安人，道光二十四年举人，大挑得知县，曾入曾国藩、李鸿章幕，后走上仕途，历任江宁知府、苏松太道、湖南布政使、广西巡抚等，光绪三年末任河南巡抚，即河南河北道的上司。清代巡抚例带都察院右副都御史衔，副都御史雅称御史中丞，故名。

③ 开印：即开篆，各衙门过年时封印，新年后方开印办事。

秦诏残字二纸，至为心感。前购东笺，松竹仅存十余幅，大澂已尽得之，如厂中无可觅，当再分寄十幅。含英阁红色东笺，已告之。傅画久未见，金联曾见二本，皆可疑，容再代访。去腊得《西清续鉴》抄本，图极精而文则呆板，然胜于《西清古鉴》，又无刻本，殊可贵也。伯寅师所得一盉一觯，文甚精。大澂得一觚，厚重似商器，拓奉审定。伯寅师属拓古币奉赠一册，欲索尊藏陶拓。如有重分者，求寄一二百种，径致伯寅师处。吾丈书来，恐大澂已赴豫矣。晚大澂再拜。十一日。

三　七

簠斋老前辈大人阁下：

久未奉手教，殊以为念。《长安获古编》稿本出都时为仆人误置行箧，未及检交东甫。兹闻子振处有潍便，明日即行，特托带缴，并新得秦铜权拓本一，藉呈鉴赏。匆匆不多述。手泐，敬请著安。不尽之言，明后日续布。晚大澂顿首。五月十一日。

寄上宝纹五十两[①]，承许刀拓装册全分，想已交东甫处。谨当缴价，余银留存尊处。请姚公符兄代拓泥封一分，至感至祷。曾见十钟有拓成屏幅者，求寄一分，当缴拓值。手泐，敬上簠斋老前辈大人左右。晚大澂拜状。廉生由蜀入都，重五日到此作两日之谭，二十后抵京矣。五月十一日。

三　八

簠斋老前辈大人阁下：

---

① 宝纹五十两：即相当于纹银五十两的宝银。宝银一般指重五十两的银锭，又称元宝。纹银是一种清政府法定的虚银两，其成色为93.5374%。

前月子振兄处有购铁回潍之便，托带《长安获古编》稿本一部，秦铜权拓一纸，又银五十两，以四十缴古刀拓价，所余十金可否属姚公符精拓毛公厝鼎一分，其文可作《逸周书》读。大澂仅得一不全本，梦想数年，不知终惠教之否也？近赴辉县红石堰验工，在古寺中得一瓦鬲，其质甚粗，子振谓琅邪台瓦多类此形制，确系周器。又得陶器数种，则皆汉物矣。有一盖刻双螭形似古璧，亦极可爱。又于河内获象尊，其盖作两象首形，有鼻高出半寸。因悟卣盖两旁高出者，其始皆肖象鼻，后相沿为盖饰。《博古图》有一器与此制同，彼以为四足卣，非是，以此类推，卣器文大半皆刻象首形，疑皆古之象尊。鼎、敦、般、壶、匜、簠、簋、盉、鬲、甗皆著器名，独卣铭无卣字，故尚可疑。若以字象器形，则字上有提梁形，其制亦合。或卣、爵、斝、觵、觚、觯皆谓之尊，质诸长者，以为然否？两足迹形即两"止"字，疑绳武之"武"，本作，象两止随行皃，上亦从止，非从戈。此虽大澂之创说，似两止之义胜于"止戈"也[①]。与终未得解，求教之。入夏以来，大澂迄未得间，昨抵祥河工次，督率巡防，今日河帅[②]亦已临工，雨后泥泞，兼以酷暑，殊以奔驰为苦。幸河防稳固，岁事可望丰收，足以告慰。半年未奉手书，或有函在东甫处尚未见寄，殊以为念。手泐，敬请著安。不尽百一。晚生吴大澂顿首。六月八日。祥河工泐。

三 九

簠斋老前辈大人阁下：

五月初托子振兄转寄一函，又白金[③]五十两交贵本家贩运铁货之便，未知达到否？六月初在祥河工次，由马递寄呈一缄，想邀鉴及。

---

① 《说文》："楚庄王曰：'夫武，定功戢兵。故止戈为武。'"

② 河帅：即当时的河东河道总督李鹤年。

③ 白金：即银。

自今春出都后未接手书，极为系念，或有惠寄之函留在东甫处亦未可知。九月初进省，当属折弁赴东甫寓中一询也。子振兄于去腊由晋回京，今春二月邀同来豫，按月致送修金十两，月费钱三千文。大澂到任后，适沁堤工程未了，因属赴乡收买秸料，两月之中经理银款二千余两，出入账目丝毫不苟，料户皆服其公正。大澂念其辛苦，加送薪水二十金。四月下旬回署后，一无所事，属拓汉镜三十余种，间为友人篆刻图章，平日并不饮酒，性情亦极和平。惟今夏酷暑，子振兄卧榻适近北窗，将窗纸换作凉纱，夜间未免受凉。然体气壮实，亦不以为意。大澂于七月望日由工旋署，偶患疟疾数日，署中上下无一不病。子振兄亦患痢疾，昼夜十余次，稍觉委顿，幕友华帽山精于医理，服药数剂，痢亦渐止。近日又为大澂刻印四五方，兴会甚好。廿六日又患疟疾，间日一发。昨日午后，同事数人均在子振兄屋内聚谭，见其寒热并作，兼以腹痛，大澂催其早睡，勿过勉强，然犹谭笑自若也。夜饭后，大澂在康达夫孝廉[1]处谭至更深，与子振兄所住前后一院，闻其酣睡，鼻息格格有声，时作梦语。达夫以为子振兄常有之事，疟疾发热，躁不可耐，但属其仆人小心伺候而已。不意今晨屡唤不应，竟作古人。启衾视之，遍体作青紫色，竟为痰气壅塞，骤致殒命，殊堪骇异！三年金石之交，一夕竟成永诀，不觉涕泗交流。现为制备衣衾棺木，定于今晚成敛后暂寄古寺中。望转致令侄开运兄，阅信早来扶柩回籍。由赵庄马头，雇船顺流而下，可由寿张县一带起陆，尚不甚远。乞先代给盘费十余金，俟其到豫，一切费用当由敝处从丰相助。所有子振兄新制衣服及笔墨零用之物，均为逐一检点开单存箧，所遗修金并无存留，大约均买绸匹矣。手泐，敬请著安。不尽欲白。晚生吴大澂顿首。外衣服单一纸，乞交开运兄收存。八月廿九日。

---

① 康达夫孝廉：即康际清，生卒年月不详，山西兴县人，光绪九年(1883)进士，任翰林院检讨，后在广西为官，曾在光绪二十二年帮办龙州铁路事宜。此时，康际清未中进士，还是举人，“孝廉”即举人的雅称，来自“举孝廉”。

四十

簠斋老前辈大人阁下：

久未寓书左右，仰企之思，如饥如渴，伏想起居万福，不审新获古缘有可寄示否？大澂到官一年，于地方利弊，民间疾苦甫知十之一二，应兴应革之政多未整理，愧无以对河朔士民。乃荷朝廷不次之恩，赏给卿衔，命赴吉林襄理防务①，自顾非材，曷克胜兹艰巨。惟念吉林为根本重地，筹边裕饷胥关紧要，向无汉员参赞之例②。既蒙特简，破除常格，自当竭此血诚，感激图报，驰驱鞅掌，不敢告劳。兹于月朔交卸道篆③，初四进省，奉旨来京，预备召见。即于初九日启程，由道口登舟赴津，拟与合肥相国筹商一切，再行入都。连日阻风，未能速达。今日始抵德州，计月初入觐，当有十日之留。如蒙惠书，径寄都门，由东甫转交可也。手泐，敬请著安。晚生吴大澂顿首。三月廿四日。德州舟次泐。

客冬因公至辉县，土人云有一古石索售，匆匆未及顾问。今春舁至武陟，视之乃刘韬墓志也。延煦堂所藏一石，乃武虚谷④所仿刻。去秋有友人赴偃师，属访原石求拓数纸而不可得，云为好事者购去矣，不图于无意中获之。其石已裂为二，漆合甚坚，以旧拓证之，丝毫

① “乃荷朝廷不次之恩，赏给卿衔，命赴吉林襄理防务”一句：光绪六年(1880)正月，有上谕赏吴大澂三品卿衔，赴吉林随同吉林将军铭安帮办一切事务。盖此时中俄因伊犁谈判问题剑拔弩张，为防万一，命吴大澂前往东北，进行备战。

② “惟念吉林为根本重地”一句：包括吉林在内的东三省被清廷视为龙兴之地，之前鲜有旗人以外者在此做官。

③ 道篆：即河南河北道之印。

④ 武虚谷：即武亿(1745—1799)，字虚谷，一字小石，号半石山人，河南偃师人。清代乾嘉时期著名的经学家、考据学家、学者、金石学家。

不失。拓墨四纸，寄呈赏鉴，分贻同好。箧中旧存拓本，检寄二十二种，有一二新得者皆不精，惟周备于新年寄到，确系新出土，文未经剔，向来金石家所未见，大澂有考释一篇，稍暇录呈教正也。关中所购官私印一百五十余方，近亦寄来，不及拓本。前求刀拓如已装成，可否专人送至都中？四月望前能到，必不相左也。大澂又启。

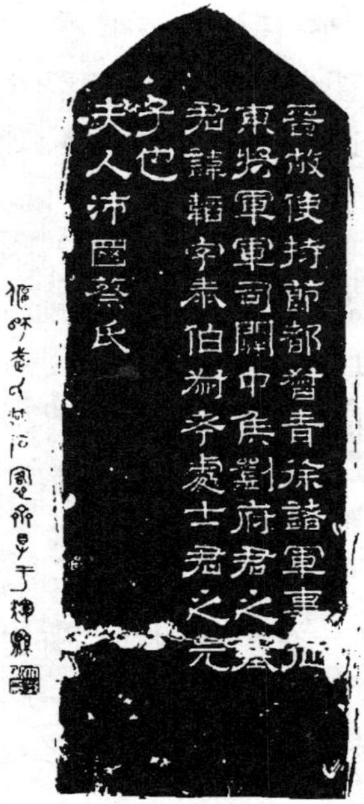

偃师武氏臧石，窓斋得于辉县。

四　一

簠斋老前辈大人阁下：

暮春在卫河舟中奉寄一书，未知何时得达左右。远怀杖履，时企德音。东甫同年来信，亦以久未得书为念。闻夏间畿东多雨，想因道涂泥泞，鸿足少便。知长者之垂念，鄙人亦同此耿耿也。大澂于四月八日入都陛见，因边防紧要未敢稽延，即于廿一日束装就道，五月十七日行抵鸡林。承鼎臣前辈[①]推诚相与，遇事咨询，如胶漆之投，各无意见，议添马步各营，先后疏陈，由部增拨每年防饷五十万两，已蒙俞允。计可添练防勇十三营[②]，分布三姓、宁古塔、珲春各处，兵力尚嫌单薄。值此需饷浩繁之际，巨款难筹，不能不力求撙节也。吉省与俄界毘连之处，以珲春、三姓最为吃重。珲春在宁古塔东南，二十里外即系俄境，惟距塔城六百余里，重山密箐，路径崎岖，不通水道，到省一千四五百里，跋涉颇艰。俄兵利于水路而不利于陆路，正饬奏调来吉之副将郭长云[③]前赴珲春，就地起练马步三营，足资扼守，可无意外之虞矣。三姓居松花江之下游，自黑河口以东至乌苏里江口八百余里，南岸为赫哲部落，北岸皆属俄地，旧为黑龙江所辖，咸丰八年画归俄境[④]。为轮船往来之道，设有警变，朝发夕至，是以三姓江防较珲春尤为紧要。大澂于七月中旬由省启程，沿江东下，周揽形势，舟行二千余里，始抵三姓，见在城东三十里之巴彦哈达。国语"富岭"二字。南岸山麓有平壤数百丈，相度地势，至为险要，可扎四五营。与鼎帅

---

① 鼎臣前辈：即吉林将军铭安，字鼎臣，叶赫那拉氏，内务府满洲镶黄旗人。咸丰六年(1856)丙辰科进士，科名早于吴大澂，故称"前辈"。铭安历任内阁学士、仓场侍郎等，任吉林将军时间尤久，宣统三年(1911)卒，谥文肃。下文"鼎帅"亦即铭安。

② 防勇十三营：在清政府镇压太平天国和捻军之后，将部分未裁撤的勇营编练为防勇，或称防军，其建制与湘、淮军基本相同，以营为单位。

③ 郭长云：道光十四年(1834)生，字梯阶，湖南沅州芷江人，武童出身，早年投军，参与平定太平天国及捻军，因军功至副将，统领卫字练军马队驻守直隶，经铭安奏调赴吉林，甲午战争中曾随吴大澂参战。

④ 咸丰八年画归俄境：指咸丰八年(1858)《中俄瑷珲条约》将黑龙江以北六十余万平方公里土地割让给俄国。

商改营制，仿照湘、淮各军，略为变通，将弁则由关内选调数十员[①]，勇丁则兼用西丹、旗民之未补兵额者。民勇、登、莱、青三府人居多。赫哲人等。首严吸食洋烟之禁，深沟高垒，一日三操。所选赫哲最为骁健，秉性朴诚，本以渔猎为生，向习鸟枪，极灵极准，若令操演洋枪洋炮，当可练成劲旅。惟数千里转运，极为费力，在津购置军火，赴部请领饷银，往返数月，未能迅达。本省无制器之工匠，又无可筹之款项，新集之军急切未能应手，徒深焦灼。幸西邻[②]尚无动静，或可从容布置耳。三姓地气极寒，冬春多雪，贱躯幸尚耐劳，堪慰廑念。手泐，敬请道安。临颖不胜依驰。晚生吴大澂顿首。八月十二日。三姓行馆。吉省折差，每月必有两次妥便。舍弟乞假南归，后都中寄书均托教场头条胡同顾康民肇新[③]转达。康民之兄[④]现在吉林差委候补道，并及。

今夏入都晤延煦堂兄，索观其所得龙节，慨然见赠[⑤]。曾作歌纪其事，录奉一哂。拓墨二纸附呈鉴赏。节之上端作龙首形，《积古斋》误以为龙虎节，又列入汉器中，殊觉不类。侃叔所释甚精核也。近日有何新得？闻尊藏古埙数十种，求赐拓本，至感至盼。大澂又启。

龙节歌寄酬延煦堂员外

阊阖门开双凤紫，征袍不脱朝天子。诏下喧传出塞歌，鸡林道上

---

① 将弁则由关内选调数十员：吉林将军铭安从内地奏调巩、卫、绥、安等军将弁，赴吉林驻守，上文所及郭长云即其一。

② 西邻：指俄罗斯。

③ 顾康民肇新：即顾肇新(？—1906)，江苏苏州人，字康民，号鼎卿，光绪二年(1876)丙子举人，后曾任刑部郎中，充总理衙门章京，清末新政时，任外务、商务等部丞参、侍郎等职。

④ 康民之兄：即顾肇新之兄顾肇熙，时以直隶候补道员，发往吉林交铭安差委。

⑤ 龙节：战国中期楚国的青铜器，著录于《集成》12097号，上有吴大澂题字及“愙斋”印鉴。今藏于上海博物馆。

扬鞭始。故人饯我长安城[1],手持龙节赠我行。古铜长尺有二寸,篆书两面九字精。秋堂拓本侃叔考,积古斋中著名早。旧藏安邑宋芝山[2],此说闻诸叔未老。余藏旧拓有嘉兴张叔未题语。王命发粟以振贫,臣名名惠乃惠人。古无庵字通阴暗,赁愔一所栖流民。《周官》荒政此遗制,文体分明六国字。商瞿周钺相辉煌,壮我行囊拜君赐。前年泛粟使晋邦,今年击楫松花江。嗟我苍生犹菜色[3],朔风刁斗吹边腔。愿矢丹心一寸铁,锁断江流千尺雪。近于松花江编木为筏,联以铁链,为拦阻敌船之计。万古不磨视此节,浩然挥手与君别。"近作录呈簠斋老前辈大人教正。庚辰八月吴大澂。

四　二

簠斋老前辈大人阁下:

一年不奉手教,想长者之意,必以大澂为戎马倥偬,更无讨论文字之暇。岂知此间局势,竟无一事可为,事权不一,猜忌日生,边务稍松,即拟敷衍塞责,不复为久远之图。自去冬单骑入山,招抚金厂头目韩效忠,即韩边外,登州府人[4]。舆论皆为称快。廷旨悉如所请[5],不图嫌隙从此而开,事事防其越俎,不令与闻。主客之势,俨若赘瘤,惟恐其去之不速,总由大澂积诚未至,任事过勇,能得千万人之心,而不

---

① 长安城:即北京,时人常以长安指代京师。

② 宋芝山:宋葆淳(1748—?),山西安邑人,字帅初,号芝山,乾隆五十一年(1786)举人,善山水、篆刻,喜金石、考据。

③ 犹菜色:《窓斋诗存》作"色犹菜"。

④ 去冬单骑入山,招抚金厂头目韩效忠:指光绪六年(1880)十月底,吴大澂仅携带一名曾熟悉情况的勇丁牟振邦,前往三姓夹皮沟,劝降被指为"金匪"的割据势力首领韩效忠之事。韩效忠,山东登州人,俗呼其名为"韩边外"。

⑤ 廷旨悉如所请:指朝廷同意吴大澂奏折中提出的给予韩效忠五品顶戴等。

能愜一二知交之意，惟有引咎自责而已。冬月初旬前，赴宁古塔、珲春一带校阅防军，并相度山川要隘，往返三千余里，终日策骑而行，幸尚耐劳。惟山高冰滑，屡次坠马，腰髋受寒，举步未能灵动[①]。

岁杪请假一月，近又续假二十日，如春融以后未能痊，可即拟乞退，暂息劳肩，不敢以不才而妨贤路。幸与当事尚无龃龉痕迹，不致以陨越贻羞，知老前辈垂念拳拳，必蒙关爱，用敢略布近状，尚祈赐以箴规，不遗在远，无任翘企之至。手肃，敬请道安。不尽缕缕。晚生吴大澂顿首上。二月初六日。

新正杜门无事，日读两《汉书》数十叶，与古人相对，五六年来从无如此清闲之日。偶检箧中旧藏铜玉印，留心考证，知两面印大半出西汉，其字多某公、某兄、某卿、某孺、某君，又喜用宾字、威字、王孙字，皆西汉人。两面印之大者，似系汉初或在建元以前。子母印之大者，多辟邪钮，多白文，疑皆三国时物，名亦多一字者，不称“私印”而称“印信”。又有小印而辟邪钮者，其爵必尊，似前汉名印以大为贵，三国名印以小为贵，亦一时风尚欤？此论前人所未发，为大澂之创见，惟长者阅古至多，用心至微，当有与鄙见相合者。敝藏私印中，竟得西汉二十人，封侯者十二人，作《十二侯名印歌》；见于《儒林传》中者五人，作《五儒咏》。东汉十五人，蜀汉六人，惟西汉之张平、王悍、许负，皆两面印，极大，同时所制似非强合。蜀汉之李严，系辟邪钮，涂金甚精，或即正方之遗物未可知也。想尊藏私印数千，可考者必不少。试取《汉书》中《王子侯表》《诸侯王表》《百官公卿表》一一检之，必可得数十人。《后汉》《三国》无表，检查不易，极盼《印举》编成，分购一部以资眼福。如有手编目录，抄寄一分，亦极欣慰。去春闻新得古埙甚多，有拓本否？如蒙赐书，仍交东甫，此间有领饷委员进京，至便也。

① “冬月初旬前，赴宁古塔、珲春一带校阅防军”一段：指吴大澂于光绪六年(1880)十一月初八至十二月二十日，前往宁古塔、珲春马步练军，期间坠马受伤。

大澂又启。

张平封藏卤侯，见《汉书·功臣表》。三印皆汉初制作。

王悍为赵内史，谏王无反，不听，被杀。景帝中二年，封其子王弃之为新市侯，见《景帝纪》及《功臣表》。

许负善相，河内温人，老妪也，见《周亚夫传》应劭注。又《三国志》注引《楚汉春秋》，高祖封许负为鸣雌亭侯。

《王子侯表》安罪侯之后有名毋妨者，疑此即刘毋妨之印，不著姓耳。

蓝田玉印。按《汉书·外戚恩泽表》，平昌节侯王无故之子名接。五凤元年，嗣侯，官至大司马车骑将军，见《百官公卿表》。

《汉五儒咏》:“易学推京房,独授梁丘贺。贺子黄门郎,讲经屡惊座。高材选十人,京兆名尤播。政声乃卓然,三王岂寡和。”王骏,梁丘临弟子,又见《王吉传》。

“治《诗》本申公,训故可兼采。鲁君弟子行,廉节贻千载。谒帝从南宫,刻符守东海。为治不多言,力行慎毋怠。”鲁赐,申公弟子。

“明堂礼所尊,小儒敢咋舌。蒲轮召其师,献议空滕说。废兴会有时,泥古惭明哲。愿忠乃忘孝,捐躯不为节。”王臧,申公弟子。

“《尚书》小夏侯,再传郑先禄。入室多高贤,东郡有名宿。五经解不穷,一月迁何速。汉廷稽古荣,公卿表可读。”赵玄,郑宽中弟子,又见《百官公卿表》。

“左氏称绝业,铿铿贾季君。微言授子佚,墨守尊所闻。安汉重师说,猒难称将军。一经教其子,鹤立谭林群。”陈钦,贾护弟子,以左氏授王莽,莽封猒难将军。子元与桓谭、杜林齐名,《后汉书》有传。

涂金辟邪钮，至精，《三国志》有传。又有爰绑、李定二印，皆辟邪钮，子母印，子印失，见《三国志》注。

春寒特甚，积雪未融，印泥干冻，不能尽拓。俟天气和暖，再拓全分。并有古律二十余首，录呈指教也。大澂拜上。簠斋老前辈赏之。辛巳二月六日。

四　三

簠斋老前辈大人函丈：

边塞驰驱，风尘鞅掌，久未布函，上叩起居。曾接愉庭丈书，述及长者垂念鄙人，拳拳雅意，感何可言。敬想杖履优游，古缘日集，吉金乐石，一室自娱。天末劳人，无此清福，惟有仰跂高轩，临风怀想而已。大澂于夏间奉命督办宁古塔、珲春、三姓防务屯垦事宜，近又蒙恩补官仆正①。自愧驽骀，仰承倚畀，实不胜此艰巨之任。幸事权归一，差免掣肘，营务、垦务尚有一二实心任事之人相助为理。边庭千里，头绪纷如，非广思集益不足以共济时艰。自问求才之心，切于求古。散盘、盂鼎，非敝肆所能幸获，但得寻常小品，器真字确，亦不负此苦心也。宁古塔东南四五百里无人烟之地，大半平川沃壤，弃之不耕，未免可惜。旗丁本极稀少，民户亦复寥寥。现委王牧钧傅从九廷

① “大澂于夏间奉命督办”一句：光绪七年(1881)二月，上谕：“吴大澂帮办吉林一切事宜。”其中包括防务及地方事务。四月间又命吴大澂节制宁古塔、珲春等地驻军，并换用“钦差督办宁古塔等地事宜”之关防。八月间，吴大澂补授太仆寺正卿。

翚[1]前赴珂乡[2]，招募朴实农民数百人，航海来吉，名为屯兵。酌给牛具籽种，拨地分屯，以广垦辟，略仿汉时募民实塞下之意，此举重在劝农，不重在讲武也。特属王牧、傅从九就近进谒台端，如有惠书，即交该员等带吉。新获古文，有鄙人所未见者，求赐拓墨，以广见闻，无任跂祷。大澂前月赴珲春，往返匝月，明日又将有三姓之行[3]。冰江雪地中，有一二野宿之处，约计旋省时，岁云暮矣。远怀清闷，不胜风雨鸡鸣之感。边地苦寒，无以将意，偶得老山参数苗，系宁古塔东山所产，据土人云，力道胜于吉参，伏乞哂存。手泐，敬请著安。晚大澂顿首上。冬月初九日。宁古塔乜河营次。

今秋接廉生书，知在高齐论古，颇资眼福。云有惠寄之拓装本，及两年中新得各拓，如尚未寄京，乞交王牧为感。春初因病得闲，编集《说文古籀补》，手书数卷。近于吉省觅得刻工，不减都门佳手，特属来寓开雕。附呈二叶，俟明春刻有成卷，再行寄呈求教。长安新出编钟，仅十余字，其文与阮氏禄康钟相类，文亦不属，又无人名。惟有"戩狄"二字，他器所未见，岁晚回省再检拓本寄上[4]。大澂再拜。

四　四

簠斋老前辈大人杖履：

冬月初九日曾泐一缄，交招募屯兵委员带呈。兹因该员王钧不甚谨饬，改委吴副将永敖[5]，仍与傅从九廷翚同行，属其过潍时，晋谒

---

① 王牧钧、傅从九廷翚：王钧、傅廷翚都是吴大澂派往山东招募农人的手下。

② 珂乡：即家乡山东。

③ 明日又将有三姓之行：光绪七年十一月初三，吴大澂赴三姓校阅防军。

④ 此处所论即著录于《集成》49号的西周中晚期的戩狄钟。

⑤ 吴永敖：时为副将，吴大澂委其赴山东登、莱、青等地招募屯垦之民。后任黑顶子屯垦局经理等，长期从事屯垦事务。

台端。如该员等有办理不善之处，请即从直教诲之。秦中故人寄示师龢父敦拓二，卣、尊各一，分其副以奉鉴赏。二敦系白河柴氏所藏。大澂在秦时未经购得，今在韩古琴大令处。器盖字体不一，细审之似三人所书，具见古人制器之精也。大澂于腊月初二日由三姓旋省矣。手肃，敬贺春禧。馆晚生吴大澂顿首。腊八日。

四　五

簠斋老前辈大人杖履：

去冬十一月初九日，在乜河营中手泐一缄，又于腊月初九日在省寓续布数行，并呈参枝、拓本，均交副将吴永敖、从九傅廷斝带呈，未知何日达览。二月廿七日，由省寄到十一月十三日手教，开缄伸纸，笑与抃会，两年饥渴之怀，藉以稍慰。承示经画边事，以得民心、得人才为主，安不忘危，乃今日至要之论。惟将才吏才，均不易得，真知军事与真心爱民之人，求之十数年，寥寥可数。近来武备，与从前剿办发、捻、回、苗时[①]迥不相同。用枪用炮之法，泰西各国精益求精，中原夙将多未能用心蒐讨。如执翻版之薛款识以论古金文字，而不求精拓真器以考正之，所见实多隔膜。大澂生平所心赏者，惟寿州戴孝侯刺史宗骞[②]一人，才、学、识三者实远胜于大澂。他日当为国家柱石之臣，不在左、李两相[③]之下。前年奏调来吉，仅统马、步五营，尚不足大展其才。大澂此行，所恃为指臂之助者，孝侯实居其首，其余诸

---

① 剿办发、捻、回、苗：即镇压太平天国、捻军、回民、苗民等起义。

② 戴孝侯刺史：即戴宗骞（1842—1895），字孝侯，安徽寿州人，廪生出身，早年在家乡办理团练，为李鸿章所赏识，招致麾下，在直隶为官，经奏调前往吉林，后至山东办理海口防务等，甲午战争中，驻守威海，日军攻占威海卫炮台后，仰药自尽。戴宗骞时为直隶州知州，雅称刺史，故名。

③ 左李两相：即左宗棠、李鸿章。

将，皆偏裨之选矣。沿边接壤之区，地旷民稀，抚辑招徕，非得良有司悉心经理，不足以团结民心。奏调各员中，可为循吏者不过两三人，分布要地，略有明效。俄界华民，近已陆续来归，领地开垦。彼以势迫，我以诚求，恩义所结，渐摩日久，方可联众志以固边陲。质诸尊意，以为然否？筑城修道，均系边防要务。珲春本无城垣，去年添筑土城，尚未竣工。宁古塔、三姓旧城，原筑不过八、九尺高，一、二尺厚，年久失修，倾圮过半，尚不如关内民间自筑土寨，殊为可笑。往来驿路，夏秋积潦，竟有断绝车马之时。今年调拨营勇，专修道路以利转饷，势不能兼顾城工。应办事宜，环而相待，只此兵力财力，不能不量其缓急，分年分段，次第兴举。大约五六年后，或可稍有规模。所需军中利器，亦可匀款购备，枪炮准头考核，在分秒之间，非精操娴熟不能制胜，非得外洋利器不能求准的。咸同以前战事并未讲究及此，即近日尚多异议，不肯舍己从人。均非仓猝所能集事也。大澂自正月廿六日由省启程，二月初五日抵塔以后，常驻塔城，不复道途仆仆。公牍文字，本不甚繁，略有余闲，从事考订之学，不致一切废弃也。赐读《积谷事目答问》《担粥厂章程书》，敬佩敬谢。所寄刀化范十六册，秦诏瓦量残字大纸装册，因领饷委员尚在省城，三五日内即可带到矣。龙节拓墨二纸，非手拓不精，先呈鉴赏。旧檀椟已不存，传古目领到，拟再得一全分，以备异日摹刻，遇便先寄拓费。手复，敬请道安。馆晚生吴大澂顿首。二月三十日。宁古塔行馆泐。

四　六

簠斋老前辈大人阁下杖履：

二月杪曾复一缄，递至都中，由舍弟大衡交东甫同年转寄，未知何日可到。四月廿七日，先奉二月廿六日手书二纸，录示书稿，并拜虎符三拓之赐。五月十七日吴副将、傅从九行抵宁古塔城，带到二月十八、十九、二十、廿二、廿三、廿五、廿七、廿八日惠复各缄。承寄鼎、毁、簋、爵、戈、弩、符、竟各种杂器拓一封，古陶拓二封，陶图二封，泥封拓一封，泥封目一封，《积谷事目》六本，瓦量拓册一本，读之竟夕，惟感厚爱之肫挚，期许之远大。身在林泉，心存军国，公忠私谊，敬佩勿谖。吴副将所募屯兵，虽仅百五十人，皆朴实良民，不惮数千里跋涉而来，大澂当以子弟待之。屡经慰谕，情意相通，不致隔阂，已令分作五屯，前往筑室开垦，给以荞麦菜种，初伏以前尚可赶种数亩。惟距城远者在三百里外，人人以粮食不继为虑。已为议定派员运送，日给白面一斤，小米二斤，有赢无绌。七月内食粮，先于六月初运往，以安其心。应用农具及版筑之器，汲爨之器，细及钉绳零星用物，无一不备，按名给发。需用棉衣裤，亦预为料量。八月授衣，亦可不误，悉如来教。种而未获之先，无一不足则一无所苦，一无所畏矣。人给二两之费，除去粮运费外，月可余银八、九钱，人情似无觖望。惟今春所换高丽牛二百头，适值牛疫盛行，陆续倒毙十之六七，耕者多不愿领。幸添购本地牛数十头，均未染病，不足之数秋凉补给。所毙之牛，官认其亏，民不受其累也。大澂所以远募而不近招者，其故有二，一则吉林内地闲荒尚多，处处有招垦之员，民情不愿舍近而图远。边土荒陬，皆系数百里绝无人烟之地，较他处尤不易招；一则奉、吉两省游民半系好博之徒，佣工一两月，辄复见异思迁，得钱数千，即懒于操作，去而之他游荡，费尽再图生计。终年如行脚僧，居无定所，事无常业，专就短工，不图恒产。大澂每与若辈剀切劝谕，不惮烦劳，然此等风气，未易挽回。凡此游手好闲之人，究非安分农民可比，故不得已而远地招徕，遣官募选。始基既立，自可徐图扩充，即有一二中途逸去，亦不追咎也。所筹经费，因去秋司农有裁兵减饷之议①，酌量裁汰归并。大澂奏请，以所减防饷，留作招募屯兵之用。以公办公，并不冀将来之归款。鄙意专为朝廷行宽大之政，为边塞创久远之图。言生

① 裁兵减饷之议：光绪七、八年间，因各处战事底定，清廷开始主持各地裁军节饷。

聚则因民之利而藏富于民，损上益下，其益无方。户口日繁，商旅自通，民食既足，军粮自裕。吉林向章，收税至轻，十小亩为一垧，每垧岁纳租钱六百六十文，一亩仅纳制钱三十三文。以至沃之田，完极薄之赋，数年之后，民力未有不充裕者。民之利，即国家之利。拟令屯兵略为变通，给地二十亩，中以一亩为公田，公田所入积谷，以备边储，就地建仓，不令远运。藉民之力，不令缴钱，否则偏隅荒徼，年丰谷贱之时，安所得制钱以缴官？此三年以后之事，亦不能不为预虑也。前在各屯适中之地，名细鳞河，先为择地，起建官屋五间。适吴副将至而屋已落成，其向子午兼癸丁二分[①]，左右双流汇合，而注于东南。冈峦环抱，正面恰当平皋，不受高岭之冲，与来书适相符合。吴将居此以统率屯兵，似颇得山水之助。相其阴阳，观其流泉，地气所钟，人事或不致悖谬乎！他省郡县之弊在胥役，吉林之弊在乡约[②]。有司所辖三五百里之宽，民与官相隔，而乡约得以敛钱病民，擅作威福，公然用刑，私押私扣，视以为固然，官不之问，民不敢控，此弊非痛惩之不可。大澂不与地方事，无察吏之权，徒托空言而无补。宁、姓、珲尚未添设民官，无役亦无乡约，扰民之事目前无虑，亦不可不慎之于始耳。来教谓民事用款，宜有日记。大澂所设支应局、机器局，皆有总司出纳、实心经理之人，纤悉必有簿记，实用实登，事事皆可稽核。惟报部销册，不能不按部章，如转运车马之费，悉按民价给发，有多寡贵贱之不同，部中必齐而一之，方免驳诘，但取与原数相符，不敢虚销捏增，蹈向来军营报销之弊。此斤斤自守之见，不致愧对知己耳。自忖

---

① 子午兼癸丁二分：基本为朝南。

② 乡约：即民间自发，以区域或宗族为单位的地方组织，在明清往往与保甲制相联系。乡约本义在于以儒家道德规范和处理民间事务，但在实行过程中会出现乡约组织为劣绅豪强把持操控的情况。

才力不如陶士行[①]，而竹头木屑，事必躬亲，或疑其过于烦碎，然饷项军火出入勾稽，不能不细加考核，以一心贯注其间，岂能如宰相之钱谷不知、刑名不问乎？况近来武备须专心考究，枪炮准头制作之精如美国之后门枪[②]、马枪以呍啫士得十三响枪[③]为弟一，步枪以恰乞开斯[④]为弟一，手法之快，线路之准，力量之远，三者皆备，无过于此。德国之克鹿卜炮[⑤]，为近数十年未有之利器。不但中国无此财力，万不能仿造，即各国之枪厂炮厂，互有优绌，亦未易臻此绝诣。譬如湖州之丝，金陵之缎，杭州之宁绸，内兴隆之靴，王麻子之刀，泾县之纸，曹素功、胡开文之墨，远近著名，必有所以胜人之故。吾择其最精者用之，正可集人之长，补己之短。若必穷思渺虑，与之争胜，徒费无益，徒劳无功。鄙意每年撙节饷项，专购精利之器，他国之价值稍廉者，一概不取。吉林之新设机厂，专造枪子炮弹，使平日操演不穷于用。至所造子弹能否得法，究属易于考校，而中国自制之枪炮，虽精求数十年，未敢必其可用也。既有利器，尤在用之入神，则演练准头，按期打靶，久则自熟，熟

---

① 陶士行：即陶侃，字士行，陶渊明之曾祖，以性纤密而勤于事闻名，其在荆州督造船只，将剩下的竹头木屑等边角废料收集起来，后以木屑铺地防雪滑，以竹头制竹钉造战船，其部下服其远虑周密。后文“竹头木屑，事必躬亲”即用此典。

② 后门枪：即从枪后装填子弹火药之后膛枪。

③ 呍啫士得十三响枪：即温切斯特（Winchester）十三连发马枪。由美国康尼狄格州温切斯特公司研制生产，以时间来看，信中提及者当为 m1866 或 m1873 两种型号，其中前者存弹 13 发，后者 12 发，当为前者。

④ 恰乞开斯：即哈乞开思（Hotchkiss）步枪。初由美国人本杰明・哈乞开思研发出击发式线膛步枪，1867 年，哈乞开思赴法国设立公司，生产哈乞开思步枪，后美国温切斯特公司在 1878 年推出了旋转后拉式枪击步枪，称为“温切斯特-哈乞开思”步枪，从信中称其为美国后门枪以及之后所描述的“翻出铜瞉”来看，很可能就是指温切斯特公司出产的哈奇开斯步枪。

⑤ 克鹿卜炮：即克虏伯（Krupp）炮。由德国埃森的克虏伯公司研制生产。克虏伯公司生产的火炮型号繁多，口径各异，此处难以判断。

能生巧，神而明之，存乎其人。中原宿将，从前并未究心及此，或茫然不知其名。大澂好之甚笃，知之渐深，几等于三代彝器之好。盖文字尚古，器用尚新，非亲自试验，不知此中之深浅利钝。或者曰，外洋造器新奇精巧，日出而不穷，今日所用之枪炮，他日必更有胜于此者。人趋亦趋，人步亦步，心劳日拙，舍己从人，此时所用之利器，安知将来不为废物乎？然此皆耳食之言，臆度之词，不知精利之用，亦有极至之地。即以造枪之法论之，机簧之灵利，一手翻出铜彀[①]，二手进子，三手发枪，快之至也；后门进子，由螺丝膛[②]紧挤而出，力量较足，远之至也；星斗线路，心光目光，并射一处，丝毫不爽，准之至也。有此三至，真能运用纯熟，竟可百发百中。即有新式巧制，实不能出此范围。特患用之者不能精心研究，则同一利器而优绌显然各判矣。因来书询及火药器械，故缕晰以闻。购炮尚未到，知其大略而已。手泐布复，敬请道安。馆晚生吴大澂顿首。壬午六月初八日。

知人用人，古今所难。承示"吾之德不明，不足以知人之德，吾之理未明，不足以知事之要"，洵探本之确论。凡事皆当责躬，表端则景直，开诚心，布公道，不于本原上用工夫，则语言文字皆无真际，即无实效。莠之似苗，非不似也，为其无实也，无实则不诚无物矣。大澂论人甚严，待人则甚宽，笃实之人，无才亦可用，虽有过亦可原。鄙性不喜为钩拒之术，以察人之隐私，然以诈伪相尝，无不知之，知之而黜去之，即不复用。不敢自诩知人之明，故不敢自护其不知人之短。官不论其大小，皆使之尽言，言不论其可行不可行，皆当存之以备参考。发之于事，则仍以我心之权衡是非为主。即正人君子，亦各有偏执之见，或泥古而不通于今，或矫枉而不得其正，或去弊而转邻于刻，或求

①　铜彀：即弹壳。

②　螺丝膛：即螺旋膛，线膛枪分两种，一种为直线膛，枪膛内刻线为直线，一种为螺旋膛，枪膛内刻线为螺旋形，后者相对更加精准。

速而不当其时。推原其用心，则忠于我者，其言必真切而有条理，不忠于我者，其言必浮薄而无可取。大澂所赖以左右辅助之人，志同道合者，约有十数员。他日能任封疆之寄，为国家干济时艰，而学问、操守、识见、肝胆、才略事事可信者，惟绥军统领寿州戴孝侯宗骞一人而已。诸生中亦有伟器数人，惜不能破格奖擢，以尽其才，此区区寸心，不能无抱愧耳。长者何以教之？大澂再拜。

惠寄拓墨：

圆鼎。即“堇”字，下从，古“火”字，旧释“山”，误，“山”字下平如。车辕立人执旗形至精，即“旅”字。

圆鼎。字与潘臧父已鼎相似。

爵。手执，此竹简也，非“中”字。古“中”作，无作者。史执此，故“史”字从手执简。手执节疑是执旗形，古“使”字从之，上作㫃形。

簋。释“皃”，是。即“及”字，从，亦可释“逮”。

段。字虽少，器必精，亦可贵。

鋆。铜鋆罕见罕闻，当释“右敀”，见古鉥、古陶。大澂已录入《古籀补》矣。

干首。似断剑。

戈。宋公可证齐国佐之非“差”字，并可证距末之“用佑商国”之“佑”非“厘”字也。龙首戈奇字，疑即古“龙”字。，惟“画”字可识，余不敢定。，似非“哉”。末一字“戈”字上半可见，当是“之右戈”三字。右濯戈，“濯”即古“櫂”字。羊子之造戈，似即阮氏所收。

盘。盘字甚精，惜不可摩，器必不大。

古陶。与同，上加字不可解。人马形似古蜡封，大澂所藏蜡封印有作人形者。

金鉼。“郢爰”①释确，向所未见。，疑“来之金”三字。

良金版。“四朱”“一朱”，分大小，似亦泉范也。

---

① 此类金鉼是战国时期楚国货币。据研究，币文当释为“郢禹”。

共屯纯赤金。圆币惟此不易得。

虞化一釿。大澂亦得其一。

汉帝信璽。汉封泥之冠。

新莽河平郡连率虎符。《汉书·地理志》平原郡，“莽曰河平，属青州。”羽县注：“莽曰羽贞。”知此符为青、齐故物矣。大澂所获“压戎连率”“敦德连率”二符，皆自秦中得之。

尚方故治八千万铜器。当亦锁钥之属，与千金氏同。

太平元年竟。文至精，竟有年号者，绝无仅有矣。

严氏洗。

晋驺男虎符。旧藏张尗未拓册有此墨本，题云“嘉庆丙子九月四日，安邑老友宋芝山①来清仪阁，云卅年前得此符于京师，背有金错半文十数字，不能记忆矣。符后入内府，墨本今不可复得，细审背文剥落处，即此符也。”芝山所见尚有金错文，不知何时剔去。归安吴氏所藏晋[illegible]虎符，制作与此同，亦系金错文，不可拓。又大澂所得“虎步揁抰司马”印，兽钮铜质，与此符相类，疑亦晋印。

汉大郭铜器。无字者多。

大泉铅范。铸泉范用铅，其理不可解。

太仆弩。“京兆官弩”四字精。

君子馆小砖。

晋太康甬瓦。向疑禊帖为唐人伪书，观此则知行草书实始于晋世，所传二王帖不尽伪作也。

《说文古籀补》已刻至第六卷，书至八卷而止。近数月间，案牍较繁，无暇及古文字，束之高阁者百余日矣。拟于六、七两月中续编成之，所收古陶、古鉥、古刀化亦不少，惟晚见之字，尚多未录，意在速成以传古，不及钩摹，时有疏漏之字。中年以后，人事日纷，稍一蹉跎，不复能从事铅椠。此业又系专门，别无同志相助，姑于治军之暇，发

---

① 宋芝山：即宋葆淳（1748—?），字帅初，号芝山。山西安邑人。乾隆五十一年（1786）举人。喜好金石，擅山水，与张元济等人交好。

愤为之，已非少年伏案之精力。拟俟成书后，缀以《补遗》一卷，覆加搜摭其不可识之奇字，及旧释可疑不足以传信者，别为《附录》一卷，如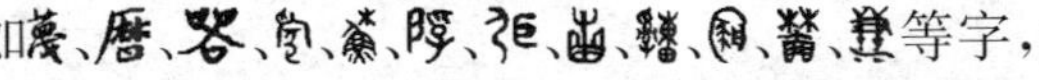等字，索解未获，皆当在阙疑之列。承询师嫠𣪘，器、盖皆不伪，细审字体，盖文固非一手所书，即器文亦相似而不同。一盖拓未精而字多平易，如今馆阁体裁[①]，一盖字精而多变化，略似名士气，两器皆逊。一器字略小而拘，“马”字“师”字“令”字皆各自为体。乃同时人之字相类者，似后世合锦之作。器文为铜绣所掩，非刻字也。六月初九日。大澂手复。

四　七

簠斋老前辈大人阁下：

前蒙惠寄虎符拓本，有常山太守虎符，与敝藏一符左右相合，以拓墨印证，大小不差，亦可见文字奇缘，有千里同心之喜。因检手拓虎、龟、鱼符十四种，又龙节拓墨一纸，钟拓一纸，寄呈鉴定。关中友人近为代购龟符，文曰“鹰扬卫金城府第四”，“同”字上有“左”字，与它符异，俟寄到再行拓呈。敝藏铜玉符，先后得十五品，合以愉庭丈所得诸城刘氏物，及尊藏各符集成三十余拓，亦云巨观矣。手泐，敬请著安。馆晚生吴大澂顿首。七月十二日。

戊寅年蒙惠龟符、鱼符各拓，黏一素册，尚未付装。庚辰春间由豫来告，大半拓墨多置行箧中，惟此册误入书笥，带归故里，可否再求拓赐一分，至感至感。鲍年翁[②]所藏龟符拓，附呈雅鉴，此亦在都时手拓也。大澂又启。

---

① 馆阁体裁：即馆阁字体，因在科举考试中较占优势，公文中多见而名，特点是端正匀整。

② 鲍年翁：即鲍子年。

四 八

簠斋老前辈大人函丈：

承惠古陶拓，暇时读之，择其偏旁显著者，多已采入《说文古籀补》，附于各部之末。亦不强释其奇字，别为《附录》一卷，并彝器中不可识字，汇而存之以俟后之好古者考正焉。《读古陶文记》一卷，计七叶，寄呈教正。潘伯寅司寇①所获古埙数种，均见拓本，想尊处必有所得也。属书联语及敝藏封泥拓八十，俟有折弁入都，带交东甫转寄较为妥协。手泐，敬请著安。不尽百一。馆晚生吴大澂顿首。七月。

四 九

簠斋老前辈大人阁下：

敝藏封泥八十种，久欲奉寄，因无妥便，迟迟至今，兹交折差带至都中，由东甫同年处寄呈赏鉴。编目一册，如有误列次叙，乞为更正之。索书联语二，又前年函属篆联一，并呈教正。明日有三姓之役②，凉秋九月，北地已见冰雪，所经山道，大半无人烟之地，仅遣将士结茅数处，聊可栖宿，从者皆须支帐而居也。匆匆手布，敬请道安。馆晚生吴大澂顿首。九月二日。

五 十

簠斋老前辈大人函丈：

六月初七至初九日，七月初八、十二、十三等日详复各缄，又九月

---

① 潘伯寅司寇：潘祖荫时为刑部尚书，《周礼》司寇主管刑狱，故称。

② 三姓之役：光绪八年(1882)九月初三，吴大澂赴三姓校阅防军。

初二日一书，先后寄京，交东甫同年转寄。中有交屯兵回东带呈一函，均有附寄拓墨，未知何日得达左右。十月十六日，领饷委员由京旋塔，带到五月廿日所发手书二十五纸，承寄戈、爵、鐮、鉢、符、钩、古陶、古化、封泥、造象、铜碑各拓，又《封泥考略目》弟十卷，并蒙代制嵌银木镇二，翎合、珠合各一具，谨已领到，感谢曷极。吴副将前招屯兵二百名，因山荒地僻，夏月蚊多，结茅未就，辄多逃逸。所存百余名，分布四五处，均已支盖窝棚，就地开垦。由城购粮，按月运送，八月始寒，即为制就厚棉衣袴，及时散给。民志渐定，有不忍舍去之思，并有闻风向慕，愿来宇下者。默计来春户口必可渐增，仍照向章，月给口粮，银二两，牛车、农具官为置备，拟于冬腊月间，再檄吴副将前往锦州、山海关一带，续募东民，不拘多寡，以广招徕，不复航海远图矣。大澂于九月初旬前赴三姓，校阅各军操演，并查勘炮台工程①，由塔赴姓之山路六百余里，渺无人烟，今秋派拨马队，添设官站八处，各盖草屋数间。行旅往来，略有栖止之地，附近居民，有所依赖，亦愿领地垦荒。明年秋熟以后，有粮有草，人马皆可畅行，不致视为畏途。兹于前月廿七日回塔，风雪载涂，已似隆冬气候。幸贱躯尚可耐劳，眠食无恙，堪以告慰垂廑。朝鲜内乱缘由，及东直官军前往平定颠末，已见邸报②，尊处当悉其详。合肥相国代筹善后章程，有停止奉、吉两省互市旧例，准沿边居民就近贸易。珲春与该国会宁府毘连最近，今冬开市，尚须设卡稽查收税，妥议条规。大澂拟于冬月初前，赴珲春察度情形，筹办一切，仰体朝廷字小③之义。总期彼此相安，不令边氓扰及小邦，致滋流弊也。俄官虐待华民，越境保护，鞭长莫及。公牍文字

① “澂于九月初旬前赴三姓”一句：吴大澂于光绪八年九月初三，前往宁古塔、三姓、珲春等地视察军事、屯事。

② “朝鲜内乱”一句：光绪八年(1882)，朝鲜发生壬午兵变，吴长庆率领直隶驻军前往平定。

③ 字小：即大国对小国的体恤，往往与事大并列。

多置不理，口舌之争亦无济于事。无辜系狱，连月不释，目击颠连，问心多疚，力不足以制之，奈何。八月初，有俄酋廓米萨尔，因公来吉，示以军容，稍知慑服[1]。惟论及交涉事宜，任意支梧，一味狡展，即严加申饬，亦置若罔闻，令人气愤，此边事所以棘手。膺兹重任，不能无抱愧耳。手复，敬请道安。馆晚生吴大澂顿首上。十月十七日亥刻。

《印举》为古今大观，久欲怂恿成之。承示工料计须百金一部，敝处拟留四部，愉庭丈及李香严廉访鸿裔[2]，必可各得一部，此外如廉生、仲饴必能醵金相助此举。即可谋始刻板，如无好手，可寄东甫处，属其问讯虎坊桥慈幼堂内，交邢篆香刻之，即前赴关中、属刻彝器图瓦当之人也。前寄拓费二百金，已交东甫。年底当再奉寄三四百金，并恳代收古陶残字，无论古登古器完者残者，皆愿得之。伯寅师、廉生皆得古埙，何以尊藏独无埙拓？或在阙疑之中？如有所见，亦乞代留，并望转属收器之人遍告乡民，遇有掘得古瓮内有残片似竹简者，勿轻倒散，当以重值售之。想祖龙焚书时，齐鲁诸儒必有深心传古之人，久埋地中，不易出土。如长者之好古敏求，至诚所格，地不爱宝，六经残简，应运而出，此其时矣。又拜。

古文字之好，不乏同志，惟长者与大澂为最笃，声气应求，不谋自合。然两年以来，古器拓本，往往束之高阁，十日半月不一披览。盖鄙性遇事专一，案牍未清，或有要函未复，或勾稽册籍有须详阅之处，即不及分心旁骛。每日黎明即起，亦有时炳烛待旦，自辰至酉[3]不少

---

① “俄酋廓米萨尔”一句：廓米萨尔，俄语音译，边境管理官之意。光绪八年十一月下旬，吴大澂及依克唐阿等人会见前来的俄国边境管理官。

② 李香严廉访：即李鸿裔（1831—1885），字眉生，号香严，四川中江人。咸丰元年（1851）举人，曾投入曾国藩幕府，官至江苏按察使，清代按察使雅称“廉访”，故名。

③ 自辰至酉：当时以十二地支划分一天的时间，一地支所历为一时辰，相当于今日两小时，一时辰又有初、正之分，辰时至酉时相当于今日早上七八点至下午五六点。

息。凡奏稿及咨札要文，各营、各局往来函牍，皆出一手，亦非幕友所能代。其寻常通候信稿，则有代司笔札之人。除接见僚属外，终日皆伏案之时。金石书画，不复杂置几席左右，亦无同好之人。来示所谓“小事用一分，即夺一分”，洵属至理名言，敬佩敬佩。敝处笺板，系刻工佛常济所刻，奉天旗民，用心静细，人亦安详，一无嗜好，现在寓中专刻《说文古籀补》。属刻虎、鱼、龟符各笺板样，当交领饷委员带至都中，存含英阁胡子英处，属其先印奏本纸数百张，由东甫处寄呈。明春即可寄到。此间刷工不善用色，敝处用笺皆含英阁所印。似此次所刷东笺，纸厚质粗，不如奏本纸之细洁而能精印也。嵌银丝木镇、各合，自昔良工无此精制，珠合可作镜合。乞代付值，遇便寄缴。笺板刻成后，或留都肆，或俟印毕寄呈，当属东甫候示，再寄可也。大澂再启。十八日辰刻。

惠寄拓目：

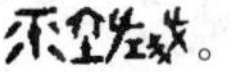。平陆左戈，释确①。

似郜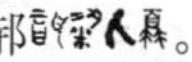。此残戈柲，与敝藏成阳矛同。矛文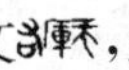，此云“上军”，“军”下一字不可识，释“与”未安，疑皆梁器②。

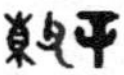爵。释“橐”是。

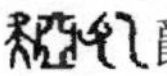爵。字屡见，皆父乙，必系同时所作。

爵。阳识，精。文不可释。

。“白”下疑“归”之异文。“鐳”字仅见，金作，异。

左司马闻竘计鉥。、□□，疑皆“计鉥”之变，千言为“訐”，似古文本从十。“货贿用壐节”，今所

① 这是一件战国时期的兵器，著录于《集成》11056号。末尾一字应该释为“戟”。

② 此即著录于《集成》11335号的韩国四年邘令戟，释文当为“四年，邘令辂庶，上库工帀(师)郾□，冶人肙(髯)”。

见鉩文，大半通货所用。三代封泥与古鉩并，存亦可宝矣。

齐中尉印封泥。

大司徒长①。三代官印，可宝。“衡”字可备一说。

公孙。鉩文、古币陶阳，或释途涂阳。古朴可爱。

字鉩。古奇字，右从弓，与弭相近。

古化四十四种。“东周”钱化，至宝。“安臧”钱化，敝藏二十六品，无一同文者。“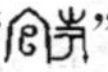”钱化，至宝。“卢氏”二，未得，关中友人寄示“卢氏涅金”拓，亟作书复之，已为有力者敚去。“”②字钱化，习见之品，敝藏有五。“安阳”圆首足肩布化二，可宝。“”③，可宝。“閔”字背二，又小者二，背十一，背五十三，敝藏有一大者，无小者。“氏”④背三，大者不易得。大阴背，未见之品。“甘丹”二，背，背十，文精，敝藏一，文不精。“邪山”，缺下半。“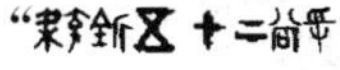”五品，异文⑤，细郭仅见，敝藏一。“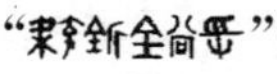”⑥一，未得。“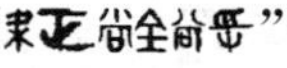”⑦三，释“梁”确，非“乘”字，敝藏有二，一无郭。“蒲坂一釿”二，未见之品。“一釿”一，与敝藏同；“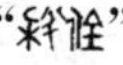”⑧未见之品。当即古“半”字，可补古籀文之缺，敝藏有“二釿”。阳山方首方足圆肩布化，未得。涅全二，敝藏

① 这是一方燕国官玺，著录于《古玺汇编》0022 号，释文为“大司徒长勹䍁”。现藏于上海博物馆。

② 即“武”字。

③ 此三字当释为“南行唐”，为地名。

④ 即“兹氏”，为地名。

⑤ 当释为“梁冢(重)釿五十尚(当)寽(锊)”。吴大澂对币文的描述有误，“”是“五十”二字的合文符号。

⑥ 当释为“梁冢(重)釿百尚(当)寽(锊)”。

⑦ 当释为“梁正尚(币)百尚(当)寽(锊)”。

⑧ 当释为“枱半釿”。

三，文不同。“[illegible]”[1]一，敝藏一。齐出小刀，似削类。“[illegible]”[2]，似有刀刻文，惟此化可疑。“长垣一釿”一，敝藏有二。“济阴”二，敝藏二十，有传形一，廉生亦有之。重一两十二一珠，重一两十四一珠。一“珠”仍即“铢”之异文。敝藏一两十二铢一，“铢”字作一珠。疑“釿”字有作[illegible]者，《周礼》误作垸，重三锊重三垸并称，“垸”为“釿”字之讹无疑矣。

十三朱目器。秦戚偃半两传形异品，可宝可喜。汉合符半钩日入千，上有细文似[illegible]半印。常山太守虎符。桂阳太守虎符。东莱太守虎符。新莽何平羽贞连率虎符。宸豫门开门龟符。宸豫门闭门龟符。左武卫将军铜鱼符，与敝藏玉符同刻一笺，可谓金玉双鱼矣。朗州鱼符。滑州鱼符。

敝藏旧拓有钱献之所藏武亭丬丬连率虎符。宋芝山所拓骀男虎符见翁氏《两汉金石记》，与愉庭丈所藏晋丞邑男虎符同制。骀男右五、丞邑男左一皆在颔下，与汉制异，知皆晋物也。隋虎符三前已拓寄。刘氏《长安获古编》广阳太守虎符曾在关中见之，为方元仲观察所藏，惜未手拓而摹其文。元仲今官甘肃平庆经固道[3]，未知此符尚在否。又张掖太守虎符，亦刘氏物，均在愉庭丈处，大瀓皆曾手拓之。又关中出泗水王虎符，涂金甚厚，镂银，字背有阴文五字，制作甚精，光采烂然，物主索三十金，议值未谐。越二日，蒲城杨信卿以二十六金购得之，后因按试同州，道出蒲城，曾借一观，手摹其图与文。信卿即于是年归道山，不知此符尚在杨氏否。鲍子年丈所藏安阳门龟符，长者或未之见，敝处尚有傅本。合诸家所藏汉虎符九，新莽虎符四，晋虎符二，隋虎符三，唐龟符七、鱼符九、玉鱼符一，共三十五符，合装一册，亦云巨观。又旧藏宋勘同一，文曰“宣[illegible]巡庆同路[illegible]提控军马

---

① 据研究，[illegible]即“魏”字，为地名。

② 即“平阴”，为地名。

③ 甘肃平庆经固道：即甘肃平凉、庆阳、泾州、固源道员，辖平凉、巩昌、庆阳、泾州、固源府，方鼎录于光绪八年二月初六日补授此缺。

勘同”，旁有“宙字号”三字，亦可附符拓之后，而以周龙节为之首，符节为类，亦可同装，尊意以为然否？十八日亥刻又拜。宋勘同拓一纸附呈鉴定。

古陶拓九纸：

。庚亯下一字疑“陈”，非“心”，乃“言”之省，六国时变体。

。首一字疑“敀”，即龙节字。

。第二字奇字，第三字当即，疑有剔损。鋈，器名。

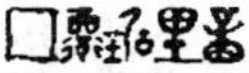。第四字似，末一字人名，当即“言”，或释□。

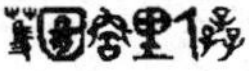。文至精。

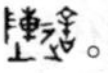。陈逆，或释“造”。

。人名“膏”字近小篆矣，文精。

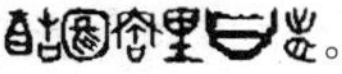。首一字疑“酷”，末一字人名，当即“朔”字。“曰朔”，人名朔也。

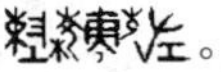。陈棱。

唐天宝小铜碑藏有旧拓本，不精，二虔造象合为一龛，可称两美，周龙节木版、书镇扣银蜡墨拓本，亦甚工雅，合装入册，可备一格。

龙节非西周，以字体定之，命作，人作，食作，之作，皆晚周用笔。如彝器中之齐镈，古化中之齐刀，与此相近，不如虢盘之浑雄朴茂矣。石鼓疑亦非史籀书，笔法篆体已渐开小篆之风，或谓秦刻，在春秋战国之间，文亦与周《雅》少异，妄存其说，以备参考。“赁一㬫”为医馆，所见甚是。

金文用洋照法[①]，使大者缩小，小者放大，可不失真。惟钩摹入册，非有专致之心力，不能集数千百字为一编。大澂自揣无此暇日，恐成虚愿。年过五十后，目力亦将不及，若借它手代为钩摹，学力未深者，于古文字之神理不能完足，求其形似，已不易得矣。去夏所编

① 洋照法：即西洋传入之摄像技术。

《说文古籀补》，皆以拓本对摹。每书一字，必幡阅原拓，心领神会，然后下笔。即不能丝毫不爽，而字体尚不致舛误。今已书至十卷，时有间断，不能握管。岁莫新春，再竭一月之力，此书当可告成。晚见之字，未及补入者，归入续编。钟鼎彝器，鉩印刀布，石鼓陶器，无不广为采录，秦石汉碑瓦当，则未之及也。《诅楚文》未见拓本，尊处如有旧刻，或赐借一观，或钩本见寄。至企至感。敝藏莽布，所缺尚多。中布壮泉，均未之见，近年秦中亦不多得矣。秦地新出马氏殿当，马氏万年瓦，从来未见，亦无可考证。曰“殿当”，则非民间所用。西汉外戚无马氏，惟元帝为太子时，爱幸司马良娣，良娣死，太子怒恚发病，忽忽不乐，因以过怒诸娣妾，莫得进见者，事见《孝元皇后传》。或此瓦为司马良娣园寝之所用，未立为后，不得葬渭陵，故称马氏。太子有殿，良娣亦可称殿。与拓本三纸，寄呈赏鉴，并求考正之。大澂再拜。十八日三鼓。

五　一

簠斋老前辈大人阁下：

十月十七、十八两日详复一书，由京转寄，未知何日得达经案。兹托东甫同年寄呈京市平银三百两，为编集《印举》之费，先乞察收，余俟续便再寄，约在春末夏初，不失信也。敝藏驺男虎符拓本，有张未题字，系宋芝山手拓，背字半行不可辨。细审之，即系尊藏一符载入《两汉金石记》者。因前书误记，特附及之。日内即有珲春之行[①]，恐归期已将岁晚，年前不及寄书矣。手泐，敬请道安。馆晚生吴大澂顿首。十月廿八日。

---

① 日内即有珲春之行：吴大澂于光绪八年十一月初启程赶赴珲春。

五 二

簠斋老前辈大人阁下：

二月朔日接奉十二月九日惠书，仰承教益，感佩书绅。去冬在珲春索还俄人侵占要地，议久未决，订期二月五日两国派员会勘其地，与朝鲜仅隔一江，为阻隔俄、朝往来之路。不与力争，恐其侵我藩邦，隐怀觊觎，日久不可钤制。自俄官廓米萨尔去秋来吉，窥我布置，归而相戒勿扰边氓，数月以来，颇称安谧。此次勘明边界，或不致过于狡展也。闽、沪各局①自制枪炮，亦有可用，特不如美厂、德厂之精利，俄人所用之枪，远不逮敝部之恰乞开斯。近日练至七百步，尚能十中二三，洋人目力，至三四百步都无准的矣。法兵进逼越南②，中国不能为之保护，寻衅不已，终为南服之大患。朝廷拟派大员与法公使会议，尚无端倪。适有都便，率复数行，言不尽意，敬请著安。馆晚生吴大澂顿首。二月初七。

"河平连率"虎符，"常山""桂阳"两虎符，版先已寄京，未及刷样。续刻三版，亦交领饷委员带都交含英阁。封泥刻不如法，愧不能精耳。承惠合符钩拓，钩文未见倒置者，似当作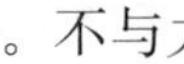，或释"戈作金"。戈拓，敝藏梁矛有二字，疑此亦梁器。臧孙黑鉥，字可入《古籀补》。安邑半斤，至精。莽八两权拓，如二行分拓，必更精爽。善业泥造像拓，六纸。印度佛像拓，三纸。唐泥残字拓，一纸。郏骀大字印，似晚周。魏户铁印，字形近隶，开汉初之风气矣。曲革大字印，古浑遒炼，非汉人所及，其相斯之遗法与？仓内作，似汉初。古印之大者尤为仅见。远道相贻，极感厚爱。前两次寄呈五百金，请先从事《印举》，他非所亟也。

---

① 闽、沪各局：指福州船政局、江南制造局等军工企业。

② 法兵进逼越南：指光绪九年(1883)前后，法军进攻越南北部河内等地，至该年夏，逼迫越南签订《顺化条约》，是为中法战争之起因。

巨观不易速成，得一细心相助如陈粟园，则指麾不费力矣。伯寅司寇得古埙，阳识者不伪。如有所见，幸为留一二，勿以可疑而失之。

五 三

簠斋老前辈大人阁下：

十三日毕芬送到手书，匆匆泐复数行。补呈《说文古籀补》一册，即交毕芬带上。闻其赴京略有勾留，或还潍在此书之后矣。九月中赐缄尚未奉到，是否交东甫转寄，或递吉林途中适相左耳？大澂奉命统率民勇三千航海来津，疏请赴粤，相机进扎越南，未蒙俞允。仍令驻津，协助北洋海防，暂扎新城，督率操演[①]。明春如有战事，当于开冻以前移师东路，分防乐亭一带。濒海地方以敝部之兵力利器株守一隅，不致茫无把握。法人近已添兵进攻北宁，岑彦帅[②]自请督师出关，黄蕙亭军门桂兰[③]、徐晓山中丞[④]皆在前敌，与刘永

---

① "大澂奉命统帅民勇三千航海来津"一句：光绪九年(1883)七月间，中法局势紧张，吴大澂自请率军南下，八月底获得批准，九月从吉林启程，十月初，抵达天津驻扎，作拱卫京师门户之用。

② 岑彦帅：即岑毓英(1829—1889)，字彦卿，号匡国，广西西林人。岑氏家族改土归流之前原为当地土司，岑毓英十余岁即考取秀才，时逢太平天国起义，受命组织团练，又入云南，参与镇压回民起义，从此走上仕途，历任云南布政使、巡抚、云贵总督等，光绪十五年病逝于昆明，谥襄勤。此时岑毓英为云贵总督，故吴大澂称其为"岑彦帅"。

③ 黄蕙亭军门桂兰：即黄桂兰(1836—1884)，安徽肥东人，淮军将领，早年参与镇压太平天国、捻军，中法战争中因北宁失守自杀。黄桂兰时任广西提督，提督清代雅称"军门"。

④ 徐晓山中丞：即徐延旭(？—1884)，字晓山，山东临清人。道光二十三年(1843)举人，咸丰十年庚申恩科进士，历任广西容县知县、广西布政使、广西巡抚，中法战争中因作战不力被革职拿问，旋病逝。时徐延旭为广西巡抚，故称。

福[1]协力抵拒。特恐中原夙将狃于成法，不知变化，大队麕聚则受伤必多，宜散，如两人并立，中间必留空地二三尺。奋勇争先则行列必乱，宜整、宜稳、宜静。枪炮不准则子多虚发，准头不远则不能占先手，宜精练远靶，决胜于三五里之外。此皆近日所宜讲求。有精利器械，尤必有真实工夫，非自立于不败之地，则不能求胜。而南中将领大率仗血气之勇，以徼幸于万一，事前不考究，临事已措手不及，此何等事而可以卤莽出之哉！尊论"掘土用坚牌自护"临阵各背铁锹掘地藏身，此各国新法，中国亦当练习，稍可避火器之猛，至坚牌非厚铁不可，薄则无益，重则难以携带。惟有以我之远，为彼之所不及，我能先发制人，即可操必胜之券。近在津营，详询各国枪技，不过练至二百余步。敝军精技在六七百步，较远近则三倍之矣。前购德国之克鹿卜炮，器具之精备，运用之灵巧，非逐事逐物悉心推究，不能神其用，不先自明，无以训练士卒。大澂所以日夕不遑，置他事于不问者，亦务其当务之急而已。合肥相国所部淮军，经营十余年，军储充裕，甲于他省，而利用之精微，武臣或未深考。大澂与淮将多系旧交，周历各军，互相蒐讨，颇有鼓舞作兴气象。大澂亦知无不言，期于国事、军事有裨，不敢稍分畛域也。月内当亲历大沽、北塘至乐亭、滦州各口要隘[2]。手复，敬请台安。馆晚生吴大澂顿首。冬月十八日。

允撰《〈说文古籀补〉叙》，至感至感。有人自奉省[3]来，知梓民佛常济岁暮可至，不日将竣工矣。叙文可不拘格，乞随意书之。外阑补

---

① 刘永福：刘永福（1837—1917），字渊亭，广西上思人。早年参加反清起义，加入以七星黑旗为标志的黑旗军，后为清军所迫，入越南境内。同治末年，应越南政府所请，抵抗法军，击毙安邺，中法战争中联合清军，对抗法军，屡有胜绩。甲午中日战争中，刘永福又驻守台南，抗击日军。1917 年病逝。

② 月内当亲历大沽、北塘至乐亭、滦州各口要隘：吴大澂于光绪九年十二月赴大沽、北塘、乐亭、清河等地视察，与罗荣光等将商讨防务、兵器等事。

③ 奉省：即奉天。

画亦可。师嫠敦[1]一为潘藏，一不知所在，或仍在韩古琴大令处。因久未通书，大澂力不能购取耳。惠寄爵拓，[illegible]疑"妣"字，有羡铜。卢氏币四为敝藏所无。[illegible]全[illegible]，疑即"釿"。曾得一完者，文至精，已归潘大司寇。武字币二，[illegible]字不可识，或"侯"之异文，有泐画。公、古、贝、共、[illegible]、十甲、八、四八拓。"虞一釿"，疑"虞"、"吴"古本一字。"共屯赤金"异文。六朝造二万佛砖象，似系古浮图所列之像。秦中多砖像，所见大小不一，皆唐制。君车汉石[2]墨拓至精。近得秦中友人书，寄示秦权拓，系宝鸡县弟六村所出，土人秘不出示，曩时按试凤翔时，欲一见而不可得。器小于百二十斤之石，当即三十斤之钧。惟始皇诏前后两刻，不可解耳。一刻于二世诏之前，一刻在后。从纽旁直下。

前函书至十纸，尚未缄发，忽接合肥相国书，知有寄谕，命大澂赴粤帮办军务。即于十九日赴津商议一切。因海口早已封冻，陆路未能迅达。军火笨重，需车过多，直东境内，水患频仍，民力拮据，车辆断难备办。即使勉强而行，亦须陆路暂运，诸多窒碍。正与合肥拟定奏稿，请先酌带数百人由陆遄行，马、步各队俟明春续调。又于廿三日续奉廷旨，毋庸前往矣。法人进攻越南之山西，已于十一月十六日失守，刘永福遁去不知何往。滇粤官兵均扎北宁，距山西不远。昨日电报，法乘胜攻北宁颇急，又有欲占琼州索兵费之说。幸中旨坚持定见，不为摇惑，但使滇、桂诸军严密扼守。与敌久持，彼亦无暇分兵内犯。鄙人创议协助利器运赴前敌，敝军已拨呍啫士得后门枪五百杆，枪子二十万，即日由沪解粤，正月下旬方可抵粤，不如俟开冻后乘轮南下，较为便捷。大澂所购枪炮本存上海，预备赴粤之用。因奉谕旨，仍令驻津，专顾畿疆门户，即将军火赶于封河前，悉数运津。炮车器具四百数十箱，枪子一千二百箱，轮船装载，分作四批，方得运齐。北洋亦有协济军火，然精利之器，他省多不充裕，滇、桂则绝无而仅

① 即西周晚期的师嫠簋，著录于《集成》4325号。现藏上海博物馆。
② 汉石：即汉画像石。

有。仓卒求之,何能应手哉？近畿久练之兵,有三万余人,军械甚足,可资拱卫。即敝军他调,似亦不足深虑。合肥相国仍欲以鄙人为指臂之助,不任远离也。腊月初四日。

五　四

篑斋老前辈大人阁下：

冬月廿七日,由京寄到九月十六、十七日手毕。借助日本同开松岛[①],并无其事。中国交邻之谊,惟德最厚。克鹿卜炮、毛瑟枪皆德所造。鱼雷能破铁甲船,尤德国不传之秘。特遣兵官来华教习,密属我军,勿许英、美各国人窥视,恐他国师其意而树之敌也。火攻之器习见,则不足惊诧。炮可及远,远则不甚准,亦不难避。避之之法,第一在列队宜疏不宜密。炮弹行空,有声有形,落地时亦不甚速,眼光灵捷者,必可远避。特恐中原夙将,拘守成法,大队栉比,云屯蚁附,则炮弹所落,前后左右绝无可避之隙,片铅寸铁皆可伤人,伤多则士气必馁,此自聚其众以受人之炮。人愈多则炮愈得力,故德国阵法,前后不过两三排,两人之中必空五六步,如炮弹所击能及二丈,即受伤亦不过数人耳。鄙意以为避炮易而避枪难。枪远可避,枪近则不可避。掘坑之法,各国皆知之,惟有精练枪手,能决胜于一里之外,我准而彼不准,则彼馁而我不馁。临阵如临场,功力必退,勿论五六成、三四成也,即十子中一,万子可伤千人,十万子可伤万人。若非平日练有准则,百万子亦皆虚发。此事实不能徼幸以图胜,非真知甘苦,不知此中之虚实利害耳。整顿营务,不过一年便可整齐,购备器械,费绌则不能骤致。濒海各口地段虽广,但能人人求实事,不务空言,外侮亦无由而至矣。手复,敬请著安。不宣。馆晚生吴大澂顿首。腊月初五。

---

① 松岛:位于今韩国仁川,当时有传言与日本一起在松岛开埠。

谭观察焕文[①]由提督改道员，想系朴实能耐劳苦，当置之夹袋[②]中以备咨访。敝军驻津为南北往来冲道，投効者接踵而至，概不敢留，真可造就之才，亦不多得也。邢篆香到津，一见即回京城，现无可刻之书，留之无所用。新得一爵，拓呈鉴定，如有惠寄之件，专送新城最妥。吉军相从入关者，大半皆淮将淮勇，间有直东奉吉之人，无一吴人杂其中。南方体柔而巧滑者多，无质直刚劲之气，不可入戎伍。敝军将领皆心腹，合三千人为一气，此治军之根本。近日操演，自朝至暮，几无片刻闲，人人之有磨厉以须之志，无一怨咨者，枪技亦愈练愈精，明年如有战事，小胜小败必可与敌相持，此堪告慰荩怀也。大澂于古文之学略有心得，知我者惟公一人。讲武三年，苦心孤诣，惟合肥相国知之。惜当代名将多以《六书通》为秘本，不知许书为何物，安可与之言古籀，良可慨已。大澂又。初六日。

---

① 谭观察焕文：疑即谭文焕（？—1900），江西余干人，行伍出身，后由提督衔总兵改候补道，几经沉浮，义和团运动时期，在直隶任候补道，因同情义和团仇视洋人，被八国联军要求处斩。谭文焕正是由武职改道员。

② 夹袋：有贤者录其名存于夹袋中之意。

釿 说

世所传古币，有“梁充釿五十二尚寽”，又有“梁正尚金尚寽”，又有“梁釿金尚寽”。旧释尚寽为“当寽”，古文“寽”“锾”本一字，《吕刑》“其罚百锾”之“锾”即《考工记·冶氏》“重三寽”之“寽”，郑注谓“锾、寽似同”者是也。又有“安邑一釿”“安邑二釿”币，或释釿为“釿”字，或读为“化金”，或读为“金化”。按《考工记》：“冶氏为杀矢，刃长寸，围寸，铤十之，重三垸。”郑注引司农云：“垸，量名，读为丸。”贾疏谓：“垸是称物之名，非斛量之号，又读为丸，未知欲取何义。后郑引之在下者，以其垸之度量，其名未闻，无以破之也。”大澂窃疑“垸”字不见于他书，《说文·土部》“垸，以桼和灰而髼也。……一曰补垸。”与量名无涉。《周礼》“垸”字疑即古币釿字，或当时书作釿，讹作土旁完字，以“安邑一釿”三枚当杀矢之刃，轻重或亦相等，此意可补先后郑之缺。盖汉时已承其讹，无从更正也。“安邑一釿”今称约重三钱左右，以今世所传之戈斠之，重八两、九两、十两不等，则一寽当今称三两左右，或古者十釿当一寽，梁充等币重不过二釿，以二釿当一寽，以二当十也。旧说五以一当五，十二以二当十，或亦不谬。大澂。

齐 釜

陈猷立事，与《积古斋款识》所载齐侯甗“国差立事”文义略同。吴侃叔释为国家之“国”，非是，“国”下疑“佐”字。国武子，名也。陈猷未详，疑即田襄子名。《史记》：“田常卒，子襄子盘代立相齐。”徐广曰：“盘，一作塈。”“盘”“塈”二字不相类，或当时篆文多变体，“盘”字不从皿，旡旁与殳旁亦相混，故为盘、为塈不一说也。此字左旁犬字与旡字、殳字皆相近，右旁上从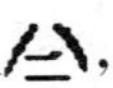，类皀之首，下从，类盘下之皿，其下隐隐有一横，或本从土，故又误为“塈”，然则此字为“盘”之或体，非“猷”字也。即“岁”字，字上半不可辨，疑即“酉”字，齐侯甗，阮氏释为“岁咸”，于义未安，当是“戌”字，彼曰“岁戌”，此曰“岁酉”，皆纪岁，下云“月戊寅”，纪月也。“立事”犹言立政，书传“立政大臣，立事小臣”，此言“立事”，纪陈氏当国之岁。考齐平公二十五年，岁在乙酉，越三年戊子，为宣公三年，周定王之十六年，赵氏与韩魏攻灭知氏之岁。《史记》云：“田襄子既相齐宣公，三晋杀知伯，分其地。”是器之作或即平公卒，宣公即位之岁也。《史记》“宣公四十三年，伐晋，明年伐鲁葛及安陵”，乃田庄子时事，陈介祺注：庄子事须考订。此云“如陈介祺注：如字未确。兹安陵”，或襄子时别有使鲁之役也。字从弓矢赴的形，“平发”犹称物平施之意。“敕陈介祺注：敕从柬，亦未安。成”者，“物勒工名，以考其成也”。左关之，疑即“釜”字，陈介祺注：釜下从，或即缶之讹。上从父下即缶之变体。釜本从鬲作鬴，古人从鬲、从瓦、从缶之字往往相通，如《说文》“鬲”或作㼫，“鬳”本鬲属，从瓦为“甗”，“甑”本从瓦，籀文作，鬲部䰝字疑与甑为一字，缶部缾或

作瓶，缶㲉䤈鑴畚鐳皆训瓦器，甾部䖌下篆文作𧇡，籀文作𨭢，疑与金部鑪字为一，从金从缶亦可通。“𦈡”字不见于经典，或即豆区釜钟之“釜”。鋘云“左关之鋘”，釜云“左关之釜”，其为器名无疑。此器字形遒古，与汉阳叶氏所藏一簠字相类，子和子一器，左关之鋘一器，字俱细劲，与秦器相类，似非同时所制，故疑此釜为襄子时物。

陈太公釜

是器为陈太公田和时制，绎其文义，上言制器之用，下言犯命之刑，犹晋之铸刑鼎也。按《史记》："田常言于齐平公曰：'德施，人之所欲，君其行之，刑罚，人之所恶，臣请行之。'行之五年，齐国之政皆归田常。"是田氏专立刑法，已非一日，始以大斗行阴德于民，继以严法示威于民也。"立事"上二字剥蚀不可辨。疑为"岁"之省文，疑即"辰"字，为之变体，陈介祺注：即某，从示从女，兼禖媒二义。与相似，加示旁者取三辰垂象之义，与下月丙午之字从火陈介祺注：似仍是，非从火。同一会意，非归祳之"祳"也。子禾子即陈太公田和，和旁似有缺画。左关釜"节于"，左关鋘"节于"，釜与鋘对言，益证釜为器名。不可识，或系地名。"关人不用命"以下，皆刑罚之等差，《周礼》所谓"戮其不用命也"。即"戮"字，右旁似戈非卩，"戮□□御"犹魏绛戮仆之意，罚之轻者。中刑，墨辟劓辟等刑也。当是"丩"字，"纠"之省文。从辵从者省声，释作"徒"，陈介祺注：徒尚未敢定。"纠徒"并坐其徒也。"关人"当是守关之人。庶人在官者曰御曰徒，皆在关给役之人。《周礼》胥徒之徒，郑云："此民给徭役者。若今之卫士矣。"关之有徒，所以司出纳之令。家量贷而公量收，必严刑以防其弊也。赎以□錞，陈介祺注：赎未定。錞即古文"钧"。钧上一字似"千"陈介祺注：非千。字，《说文》："钧，三十斤也。"《周礼·大司寇》"以两造禁民狱，入钧金。"注云："三十斤曰钧。"《考工记》冶氏"戈戟重三锊"，郑司农云："锊，量名也。"后郑引许叔重《说文解字》云："'锊，锾也。'今东莱称或以大半两为钧，十钧为锾，锾重六两大半两，锾锊似同矣”，贾疏：“凡数言大者皆三分之二，一两二十四铢，十六铢为大半两也。”按中刑“赎以千钧”，以三十斤计之，罚至三万斤，于理不合，郑说十钧为锾，千钧适当百锾，共六百六十六两十六铢，与东莱称适相合。盖齐俗通用之钧，非三十斤为一钧也。《书》“金作赎刑”，传以金为黄金，《吕刑》“其罚百锾”，传以锾为黄铁，古者五金并用，黄金、黄铁皆铜之称。百锾为铜，四十二斤十四两十六铢也。大辟下有字，徒下有“赎以”二字隐约可辨，“以”字下弟二字有缺画，非锾非锊，疑是“率”字，上作，右旁作，左旁似亦作，当是“率”之变体。《周礼·职金》“金罚货罚”，疏引夏侯欧阳说云：“墨罚疑赦其罚百率，古以六两为率，古《尚书》说百锾，锾者率也。”赎以千率即《吕刑》大辟，疑赦其罚千锾也。末四字或释为“出关之记”，非是，即“釜”字，是器之名与前器同。癸酉八月十八日吴县吴大澂释。

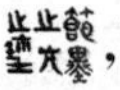,疑“市”字,《积古斋款识》鼎,阮氏释作“市师”。

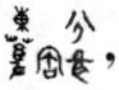,首二字当是“分阳”,古“宝”字,见周窓敦、郳中盘。

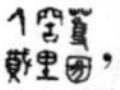,弟二字疑即“昜”字变体,弟三字非“空”,似“窨”“窨”字。

,字见齐刀。

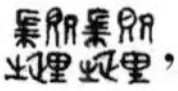,二器同文。匜,字与此弟一字同。

,《说文》:“孨,谨也。从三子。读若翦。”

,疑为“顆山”二字,或即一字。

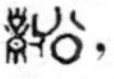,似彝器中至精之文,散氏盘字与此类,阮释“蔽”,未安。

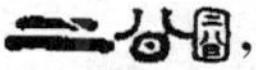,当系“上公”二字。,公上字泐去。

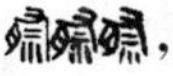,《说文》:“祭,祭祀也。从示从手持肉。”此瓦器当亦民间祭祀所用。

,二字相类,韡上似有艸。

,似司徒之“徒”。

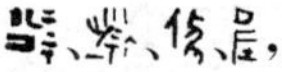,此四字不可识。

,镈币有“智”字,类此。

,似“慎”字古文。

,似盛酒之器中象郁鬯形,或即古文尊酉字。

,刘氏《长安获古编》有季悆鼎。

,曹秋舫所藏各中尊字,大澂释作“梨”,从,即《说文》字,疑字亦从。

,《说文》庞从广,训“高屋也”。此从疒,当即“庞”,非纟旁。

,《说文》羍从大从羊,“幸”从屰从夭,“夸”从大于声,三字皆与此类。

,《说文·豆部》:“梪,木豆谓之梪,从木豆。”“䝆,礼器也,从廾持肉在豆上,读若镫同。”此从木从,亦䝆字从肉之意。

,《说文》“后”古文从辵,此从各,可补许书之缺。

。

，非“等”字，不可识。

。

，前在西安见一鼎，首一字作，余释为“兴”，与此正同。

，散氏盘“誓”字作、。

，从从，疑即“题”之省。

，似“导”字。

，《说文》：“褒，衣博裾，从衣省声，古文保。”此从，当亦之变体。

，《说文》：“敓，强取也。”《周书》曰：“敓攘矫虔。”今经典通作“夺”。

，当即“栋”字。

，不可识。

，《说文》“巠，水脉也。从川在一下，一，地也。壬省声。”此字水在一下，与“巠”同意。

，古文“渊”字作，此其省文也。

、，即百姓之“姓”，亦即“性”。

，似“岁”字繁文。

，似“继”字省文。

，似节墨之“节”。

、，旁似有一直，疑“陈”字，下一字即“恒”。

、，二字甚奇，皆不可识。

，汉阳叶氏平安馆藏敦“”，弟三字或释为“府人”二字，此“府”字下似从，疑即“腐”字。

，即彝器中“朕”字。

、，从弓从，当即“弛”，，此字横拓，误作。

、，似“封人”二字反文。

、，《说文》：“巨，规巨也，，古文巨。”从者象执矩形，从者象执规形。邾公华钟“”，無子妆簠“”，睪即“择”，此作亦“择”字，当即工名。

、，陈氏釜、左关鋘作“左”，此从，不从，当即“关”字，非“辟”字。

。

，此二器似两京文字。

三代文字之见于彝器者有日少无日增，出土之器无数百年不毁，好古者获吉金即三五字亦极可贵，不谓古陶残字与金石并寿，奇文逸体可补鼎彝款识所不及，簠斋前辈搜访至七十余种，为从来金石家未见未闻，可喜亦可异也。丁丑二月九日大澂释。

读古陶文记[①]

，非“塙”，疑即“鄗”字，见《说文》。，疑“棋”字，自是里名。淖即“朝”，人名。古文“潮”“朝”为一字。

陈介祺：，仍宜入土部。

，亦“淖”之异文。

，戳圆之豆。“戳”当即“贯”。

陈介祺：即“昜”“阳”。

，此亦三代文，惜下二字残缺，末一字疑“釜”。

，当即“韯”字，古陶文多字，知即“章”之省文也。当即“造”字。毛公鼎作，颂段作，此省为古，省为。

陈介祺：余谓即戈，是“国”字。国，人名。

，文至精。，当释“郭”。，异文甚多，皆“鄐”字。与、、、、等字同。

陈介祺：即“郭”。，新。

，观此则知、皆“鄐”字，小篆变作。，当系六国时里巷之名，故从邑从行。

陈介祺：，古鉨文。丘，营邱，营邱人迁□里(得)名所作。行、辵通，即“迁”。

，《说文》：“，烧瓦灶也。”六国时作，从穴从缶。末

---

① 《读古陶文记》所录战国部分的陶文，徐在国先生已经整理过。此次整理即以徐先生的释文为基础，参照原文，释文偶有不同。

一字，人名。

陈介祺：太公和釜有字，是古“钧”字。“鋻”见《说文》，此或是古“均”字，亦从旬。

陈介祺：，棠。

，人名，多不可识。此“迓”字甚显。

，首一字亦“窑”字。

陈介祺：，臧否字。

，窑里。

，首一字似“齐”，或是“栾”，俱未可定。末二字当是二字，释饮器。

。

，当即字，疑古文“公”字，本作，反为。

，王卒左敀甗圆荐里王。《说文》敀下引《周书》“常敀常任”，古钵文“右敀”，此云“左敀”。

陈介祺：，伯。，余疑同“坏”。

，平陆陈导丕□王釜。“丕”下一字甚奇，疑“祭”字。

陈介祺：，似陵，从土。，余曰似宛丘，，或“齐”。

，，人名。疑即“昂”。

陈介祺：，从月从卯

，末二字当亦人名。字不可识。

，人名，似“睇”字，《说文》所无。或释“咈”。

，䎽，人名。

，疾卜。弟三字有缺，似二字。

陈介祺：豆里犹窑里，作豆之地。

。

陈介祺：，不可识。

，右敀命录定思里。末二字不可识。，疑即“定”。与古钵字同。

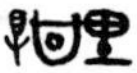，㝵，人名。，见齐刀背文。

，子漆子里然。“漆”字从心，异文。

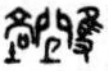，上二字即之省。只，人名。

，首一字似“楚亯”二字合文，当系字剔误。

陈介祺：后楚郭可证。

，豆里籍。

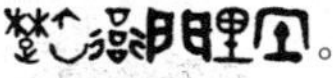。

，前释作“亯”，未确，当释。

陈介祺：“姁”见《说文》。

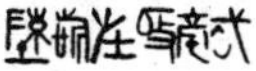，陈悊左敀亳釜。同，亦见古陶文。

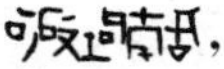，□右敀均亳釜。首一字当是“陈”。

，丘齐□里邾夻心。弟三字当是“辛”。

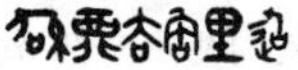，绍䍃夻窑里逌。，当即“旨”。字同，《说文》云古文绍从卲。

。

，当是“中”字。贞、渐皆人名。

，首一字似盟。当释稷，古“稷”字，省作。

，，古“饩”字。

，盟公之稷饩左上豆。

，首一字似“畀”。末三字疑“奠(郑)亳釜”，余不尽识。

，人名，多不可识，然皆可存。当别录一卷附于古籀文之后。

陈介祺：与后释梁之同。

，人名，与字同。

，当即字。

，似“谈”字。

陈介祺：从二。

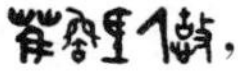，从故从心，字书所无。

，似“纯”字。

陈介祺：

，似“弨”字。

，癸，人名。

，，疑亦“中”字。䤲，人名，从函，从攴，与字相似而非。凡人名多创造之字，不必强合。

陈介祺：国书似非创造，创造何以使人知？

，反文，阳识，其鉢当是阴款铸鉢之模。

陈介祺：正文，鉨入土也。

，即“郑”。

。

。

，人名，与上一器同。“绍”字减。

，似亦字。

，似“赠”字。

陈介祺：当是“贻”。贻从二，见古陶。

，西酷里窑。

，与陈猷釜字，子禾子釜字皆相类，疑“者”字。窑者名，似“谒”字。

，首一字泐，疑“貣”字。见《筠清馆》居后彝。末一字似“盂”而奇。此瓦上下文俱缺，当不仅数字也。

，南乡之市。“乡”字中不可辨。

，，古“吴”字。《说文》作。下一字半泐，疑“将”字。

，字不见于字书，或即“贻”。

陈介祺：陶文“贻”作。

，《说文》，古文作，古鉨文有，疑即“将军”之“将”，六国时假借字也。古鉨有，亦当释“将”。

，《说文》，籀文作，此从，当亦“赣”字。

，古陶文有字，与此小异，当即“悊”。

，，《说文》“卯，事之制也。”

，“二十”字合文。

，市亭。

，菑亭。

，亭升。

陈介祺：上三当是汉。十为升，当从勺作，十升为斗，则升之省矣。

，王豆。

，公豆。

，王粱。

，栗洒。“丽”字古文作，篆文作，见《说文》鹿部。

，雩丁。雩，古粤字。

，造。

，，《说文》“弛，弓解也。”

，古器无“朔”字，此从从，其为“朔”字无疑。

陈介祺：朔从，此省。

，与前字同，当亦人名。

，芊。

，曹字。彝器所未见，可补籀书之缺，然已是六国时字，不类大篆矣。

，《说文》，马尾鞁也，今之般緧。又，柔革工也，读若朴，当即此字。或云象鞁形。

，侄从人，上一字似从弓。

，齐中姜镈、，大澂释作大徒、大仆，从辵从都省，当即“徒”之异文。

，绪。

，痞字，《说文》所无。

,《说文》:,词也。”此从贝,疑古“售”字。今别作“售”,非是。

,与字相似。

,陈毋害,似六国时字,非汉。

,即“敚”字之反文。

,似“吴”字,或系“吴人”。

,当是“吉日子”三字,“吉日”二字合文。

,疑“橐”之省。

,日子,吉日惟子也,此省“吉”字。

。

,白晨鼎,“瀌”字与此相类。古文“瀌”“废”为一字。

,以上三字皆不可识。

,“彰”字近小篆矣。

,疑古“芦”字。

,“赓”字似大篆。凡近大篆之字皆非晚周器。考文可知时代之先后,此其大略也。

,陶工称师,当是汉制,文亦类西京矣。

陈介祺:此多残瓦当与瓦。

。

,“师”字右上有缺。

“师”字兼隶,似“封道”二字。

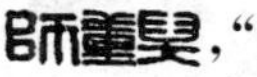,“董”字不从艸,简文,下一字疑“婴”。

陈介祺:似非。

。

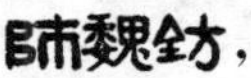,钫。

,似“俊”,从彳。

,“丁”疑有泐,似“可”字。

,“马”下当是“次”。

。

劉俱，刘倪，“倪”反文，非“俱”。

輔仲。

苗奴。

菅趙，管慈。

佳道，封道。

田郎陽，第三字当是“义”。

肖央，上一字当是“赵”。

成公生，成公生。

吏張昭。

王床泉，第二字似“宋”。

王俱，王俱。

黄目目，第二字下泐，当是婴。

光绪壬午七月十三日清卿仆正自古肃慎防所寄，九月廿二日至。

吴愙斋尺牍跋①

谢国桢

旧都为文物荟萃之薮，民国以还，故家典籍，往往散出。北平图书馆既获有陈簠斋所藏金石文字墨本，琉璃厂帖友旋有持吴愙斋致陈簠斋尺牍来者，约有近百通，自同治十二年癸酉冬十二月，迄于光绪九年癸未十二月，盖光绪十年簠斋即归道山矣。未几续得愙斋所撰《金文考》《读古陶文记》《石门访碑记》《汉印鉩考证》等编。细窥诸文，均由尺牍中别出者，因排比其年月，整理其次序，汇为一帙。其篇幅较长，成为馔述者，若《金文考》《读古陶文记》之属则附于尺牍之后。愙斋先生所书尺牍，篆籀行楷，各体俱备，纯朴郁茂，均臻极境。在昔，愙斋之书，零圭片羽，已视为奇珍，况此长篇巨帙，宁不尤加爱惜。愙斋致簠斋书云："鄙性遇事专一，案牍未清，或有要函未复，或勾稽册籍，有须详阅者，即不分心旁骛。每日黎明即起，亦有时炳烛待旦，自辰至酉不少息，凡奏稿及咨札要文，各营各局，往来函牍，皆出一手，亦非幕友所能代，其寻常通候信稿，则有代司笔札之人，除接见僚属外，终日皆伏案之时。"足征愙斋用力之勤，治事之专。而愙斋书法，当时潘文勤公伯寅亦极称赏之，恒曰："老弟古文大篆，精妙无比，俯首下拜，必传必传，兄不能也。"又曰："老弟以后写信，还宜稍从

---

① 北平燕京大学《考古学社社刊》第六期刊发过谢国桢先生《吴愙斋尺牍跋》一文。从文末看，此文写于 1936 年 3 月 13 日。《吴愙斋大澂尺牍》文末所附谢国桢《吴愙斋尺牍跋》一文，写于 1937 年 3 月 15 日。二者文字颇有不同之处，后者当系改定本。

潦草，我半年付裱，所费已不赀矣。”窸斋致王廉生书已有影印本，致潘文勤书，不悉流传何所，是窸斋书法之精，早见重于艺林矣。

有清考据家率以声音、训诂疏通经义，自程易畴[①]乃以古代器物辨析名物制度，然涂径虽启，运用未弘。洎乎清季，往往于郡国山川丘陇间得盘盂鼎彝之文，古陶吉金之器。窸斋湛深小学，博识名物，由古籀陶文以订补《说文》之未备，因古器之流传考订律度量衡之制度，可实验于今日，藉昔人之成法，乃愈用而愈纯。时簠斋半生潜居林下田间，而窸斋则鞅掌王事，视学陕右，先秦故郡，齐鲁名都，每有所获，尺素往还，相与欣赏。凡鼎彝古陶泥封印鉨文字，以及朝野时事，治兵赈济之方，无不析疑问难，必至于是而后已。如释陈公釜，窸斋原文云：“疑即‘辰’字，爲之变体，与相似，加示旁者，取三辰垂象之义，与下月丙辰之字从火，同一会义，非归裖之裖也。”簠斋释云：“即某，从示从女，兼禖媒二义，似仍是，非从火。”窸斋《读古陶文记》：“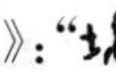非塙，疑即鄗字，见《说文》，疑椇字。”簠斋云：“仍宜入土部。”，窸斋云：“似赠字。”簠斋云：“当是贻，贻从二，见古陶。”至簠斋答窸斋书，已有印本，往复讨论尤繁，尤见二君于学术之见解，其不苟同如此。窸斋所撰《说文古籀补》《字说》已自写定刊行，至于古陶文字，则撰有《古陶文字释》四卷，闻吴氏退楼曾为校刻，但未见传本。此《读古陶文记》一卷可以补其馔述之缺。至其游踪所至，荒山古寺，凡有遗迹可寻者，无不斩除榛莽，悉心披剔。其按视秦陇，道出汉中，则撰《石门访碑记》，以证前人考订文字之失。南游北固，登焦山，则辨无专鼎之伪。窸斋云：“焦山无专鼎，文字既弱，又多缺笔误笔，虽古文随意增损，多不一例，而此鼎变化无理，必系仿铸而失其真。”此则非好学深思，心知其意者，不能为也。

窸斋少治程朱之学，日有督课，其立身涉世，即导源于此。及壮

---

① 程易畴：即程瑶田（1725—1814），字易田，一字易畴，安徽歙县人。清代著名学者，精通训诂，提倡用实物以整理史料。

年筮仕，恒以扶翼世教，澄清吏治为己任，故致篁斋书，于豫北振济之役，目睹疮痍，以救饥拯溺为怀；而于光绪间政治外交，亦能洞悉症结，不作迂腐之谈。徒以甲午之役，猝遭世诟，然其忧国忘身勇往直前，以视保身家而谋妻子，置国是于不问者，实有霄壤之别。今窓斋先生谋国之方，论世之语，具见致篁斋书中，是其一生亮节苦衷，庶可略白于世。吾人读窓斋之书者，未可全以金石学家概之也。中华民国廿六年三月十五日，昆陵后学谢国祯谨识于国立北平图书馆。

吴陈两家尺牍编年表

余既编《吴愙斋尺牍》竟，适顾起潜先生惠假石印本《陈簠斋尺牍》五册，皆为致吴愙斋书，起同治十二年癸酉八月至光绪五年己卯九月庚辰，以后均已散佚矣。愙斋同治戊辰通籍，自癸酉视学三秦后即与簠斋通函，驿递往还或一月而数发，或半岁而始达，长篇累牍至数万言而不能休，凡平生所历，耳经目验之事，金石文字之学，无不于尺牍中见之。然而两君神交十年，未尝谋面，光绪戊寅二月十七日，簠斋书云："祺今年六十有六，而吾兄有万里壮游，晤面无从，寄书不易，可从洋照一识荆州否？"是年四月廿三日，愙斋在河间书云："贵乡去此五百余里，瞻望德星，恨不插翼而飞，一亲颜色。"两君相交之笃如此，愙斋云："海内真知真好知我者亦唯长者一人，廉生（王懿荣）真好而所见有出入。"使两君相处于今日，轮轨辐辏之时，则两君过往当更益密，交情当更益笃，创获探讨当不至于此者，然在今日，交情之笃如两君者容有其人，若商榷学术历十数寒暑而不倦者，则世尚无其事，此缅想昔人纯笃之风有不可及者欤！今两君尺牍具在，且一一可考见其往还之年月，印证其事迹，爰为列表于后而谱其事实于下，述昔人之行事者有年谱游谱之作，朋友交谊往往可于年谱中求之，然就书牍中考见先哲遗事而成一书者尚鲜，余为此编，殆亦效昔人撰年谱游谱之意也。

年　月	吴　书	陈　书	事　实
清同治十二年癸酉(1873)八月五日		致窓斋书三纸	时簠斋里居,初与窓斋通函,谢其为长孙婚礼赐联,并贺其视学三秦,请其洗拓《沙南侯获》刻石,《敦煌》《仓颉》《石门颂》诸石刻。
十一月十五日		书十二纸	论传古及篆刻之法。
十二月十八日	致簠斋书六纸		时窓斋视学三秦,按试凤翔,次乾、邠二州,致书具仰慕之意,輶车所历,亦时策骑荒郊,流连古道,偶访古碑,以毕弇山《金石记》为宗。
十三年(1874)甲戌正月五日	书十一纸		复簠斋冬月望日之函,讨论盘盂文字、摹绘吉金形象之法。
四月书,五月十一夜发		书十一纸附十九纸	复客腊十八日书,讨论吉金文字,释方彝盂鼎。
八月初九日	书三纸		寄新得鼎彝唐人造象拓片。
十一月廿七日	书九纸,附《石门访碑记》等十二纸		时按试汉中,精拓石门铭诸石刻,撰《石门访碑记》,校订昔人之失。
光绪元年乙亥(1875)正月十二日		书九纸	复由王廉生转来两书,称其《访碑记》如身历石门。
正月十一日	书一纸		自商州试毕,抵蓝田,闻鼎湖之痛。
正月廿四日	书五纸		僦装度陇,裒集秦金文字。
正月廿六日		书四纸	论西人照法有益于中国艺文。
二月廿四日	书三纸		在泾州试院发,论覆刻《长安获古编》。

续 表

年 月	吴 书	陈 书	事 实
三月廿二日		书五纸	寄秦金石拓册,有“以古文字爱我,自当以古文字报之”之语。
三月廿九日	书五纸,《古鉨说》二纸		在宁夏试院,谓古鉨文字得未曾有,作《古鉨说》。
四月廿四日	书三纸		按试凉州,论褒城石门汉魏石刻。
六月十七日		书九纸	复二月廿四日、三月廿九日来书,论双钩法必须运腕,并谈集刻秦汉瓦当。
七月十二日		书四纸	谢寄石门汉魏拓本。
七月廿八日		书三纸,附古器物目八纸	寄新得瓦拓并漆合者共三十二种,并所藏曾伯霥簠等古器物目。
七月卅日	书三纸		自兰州回陕,在青门得汉官私印,颇有精品。
八月廿九日	书四纸		在凤翔行馆得虢仲城敦,论鉴别秦汉伪器。
九月二日		书四纸	赠新得蓬莱汉砖瓦拓本。
九月十日		书三纸	论龙姞毁,龙同庞,即东蒙古也。并索瞿木夫《古官印考证》刊本。
九月廿二日五鼓	书三纸,附新获古器目三纸		称簠斋《聃毁说》可证经文之误。
九月十五日		书七纸	赠秦汉瓦当文字并编一目。
十月廿四日		书九纸	用山查黑矾去土绣[①]法,并论符牌文字。

① 绣:此处有误,当作“锈”。

续 表

年 月	吴 书	陈 书	事 实
十二月三日	书五纸		以所藏弩机彝器拓片八十余种寄赠,称“藏三代彝器文富,鉴别之精,无过长者,拓本之工,亦从古所未有,不可不精刻之以传不朽”。
十二月四日		书四纸	复七月卅日书,再索石门碑刻。
二年丙子(1876)正月廿二日	书三纸		自陇南回署,获尊彝二器,并秦汉砖瓦多种。
二月十日	书九纸		复六月十七及七月十二廿八、九月十日书,论弩机所刻文字,索簠斋所藏鼎彝拓片全份。
四月初一日		书一纸	寄瓦鉢秦诏瓦拓。
四月四日	书四纸		在凤翔试院得周窓鼎,“三恪”即“三客”,《周颂》“有客振鹭”“我客”皆可证,并谈秦中所见铜器。
五月廿四日	书四纸		谢寄鉢印诏版拓本,并附石门各碑价目。
五月廿五日		书十三纸	复去腊三日、今年正月廿二、二月十日书,论封泥古鉴文字,请其刻“二百竟斋藏竟”朱文印。
六月十四日		书七纸	复四月四日书,于窓斋所释窓鼎方鼎颇有辨证。时窓斋欲请假南旋,然后入都,亟思其由王家营东来,迂道不过百余里,颇思一晤,有不得与海内一二古文友面论,有僻陋离索之感。

续 表

年 月	吴 书	陈 书	事 实
七月四日		书一纸	新得瓦十四种，其阴款者尤所未见，时东省大旱已成。
七月十二日	篆书七纸		复六月十四日、五月廿五日书，并谢竟拓瓦拓。近从事古文字，极服来书运腕而指不动之说，命作朱文“二百竟斋藏竟”俟刻成即寄。
九月六日	书三纸		前得周窸鼎外尚有一敦，宝器作[illegible]，时试毕由三原晋省。
十二月五日	书三纸		时窸斋请假归里，新学政为陈翼，十月杪交部南归，腊月五日舟抵汉阳，濒行续得小品，皆极精，寄赠秦二世诏版等拓本。
十二月七日		书四纸	复五月廿四日等书，石刻窸鼎图甚佳，寄赠三代有字残瓦拓秦诏瓦小字。
光绪三年丁丑(1877)二月十八日		书五纸	由王廉生寄来腊五汉阳舟中书，并符拓一束，于舟车之劳犹相念以文字如此，真可谓不弃不忘，龟符铜铁古币皆奇绝可诧，寄赠残瓦五十二纸。
三月十八日	篆书大幅一纸		示归里后所见鼎彝，近得徐籀庄自编释文八册，里居酬应甚繁，寄银百二十两，请拓所藏古印两全份。函后附簠斋考释一。大同。
四月十八日	篆书四纸		月之九日，游焦山，访无专鼎，辨识其伪，由京口乘轮至上海。昨早渡海北来，今晚烟台。黑水洋舟中缄寄。

续 表

年 月	吴 书	陈 书	事 实
七月七日		书十五纸	复黑水洋轮船中书，吴门两书，称重洋中犹相念论古，以古篆作书，真古所未有。贺愙斋弟大衡中进士，徐籀庄《从古堂款识学》不可不早公诸世，许印林《金文考释》亦当刻传。寄赠杞伯敏父鼎拓本。
七月二十日	篆书九纸		此为愙斋入都后致簠斋书。称秦诏瓦量可与泰山琅邪并重，瓦器文字搜至八百余种，亦古陶一大观，三代古文字至今而极盛，造物留此以待博闻。
八月十八日	篆书四纸		在都中得叶氏平安馆旧藏趩尊、秦二世诏版等物，时寓大安南营路北。
八月十三日		书十五纸	请将愙斋所藏金文千种编目见寄，摹古文字不可不以后人之字行是第一事，以三代古文冠许书字前是第一事。并赠瓦登瓦器。
八月廿四日	书六纸		复中秋前二日书，并谢所赐瓦拓。尊论过严，不敢不详论之，摹古文，求似易，求精易，求有力难，大澂自摹本，较《积古》《筠清》均胜。并云海内真知真好，唯长者一人，知我者亦唯长者一人。廉生真好而所见有出入，如尊臧聃敦及大澂所得凤翔方鼎、平安馆趩尊皆疑之，此不可解。寄《从古堂款识学》三册。

续　表

年　月	吴　书	陈　书	事　实
八月廿四日亥刻		书五纸	三代古陶文字不意于祺发之，殆好古之诚，有以格今契古，而天实为之耶！格今近妄，然负贩求之于乡，牧竖求之于野，使三千年上文字之在瓦砾者裒而传之，此亦归里数十年真积之力，从此齐鲁人人心中知有此事，则古文字所全多矣。
九月六日	篆书三纸		八月出都，赴津门购米，为三晋救荒事。古瓦尊彝不可图刻之。
		书三纸	此书无年月，有族侄开运北上，吾兄究有何差等语，并陈朱子救荒之法（按是书当在九月十八日函前）
九月十八日		书十一纸，又八纸	近得古陶已千一百余种，又得汉铜器名曰葆调。又函则谈三晋办赈救灾之事，在于清保甲而杜官吏之侵吞，有吾兄范富自任，视饥由己，其勤恤悲悯必躬必亲，时事事用心，平正切实，有弊即思其法，闻善即广其行。
十月三日		书八纸	复八月廿四日书，服其考证方鼎趩尊之确，并论拯饥之法，无菜曰馑，馑则肠细，骤饱则死，白菜宜与春种之豌豆大麦并蓄，并望代购朱竹垞、傅青主书联。

续 表

年 月	吴 书	陈 书	事 实
十月廿五日至十一月初一日	书八纸，又八纸		考证古陶名物，证葆调为汉代兵器，奉命赴晋省办赈，时山西被灾各府以南路为重，憙斋赴津筹购高粱七十余石，亲自督运，由卫河至道口，已及十一月中旬，改陆运，至腊月始抵泽州，凤台，卫河道中闲暇无事，录古陶文四卷，此函为仲冬朔日汤阴道中所写，详论救灾振济情事。
十一月六日		书十六纸	论积谷平粜以分粮施粥为正，而以清保甲为本，保甲清则地方笃实之人出，而利弊通矣。
光绪四年戊寅(1878)二月廿七日		书十三纸	复汤阴道中书，手书长篇小字感慰至深，大著《古陶文字释》四卷发古文字未发之藏，吴氏退楼为之刊刻，但未见传本。时簠斋获古陶已二千六百余种，称古陶文字不外地名、官名、器名、作者用者姓名与其事与其数，若陈向残釜"区"字则可与罍区并称，是书并云祺今年六十有六，而吾兄有万里壮游，晤面无从，寄书不易，可从洋照一识荆州否？
三月廿一日	书八纸		述至泽州，哀鸿遍野，有人相食者，状至可悯，驰驱风雪，中寒致疾，二月始愈。三月十二日赴津，旋赴河间办春振，先是簠斋族弟子振工篆刻，馆于吴氏，每月二金，三晋办赈之役，子振随与同行，子振子开运亦常北来，每因之藉通音询。

续表

年　月	吴　书	陈　书	事　实
三月廿五日	书四纸		讨论所寄古铁文字，时在津门，明日即赴河间。
四月四日		书六纸	新得汉竟范三，其一色白不坚，质极轻，如海水沫结成之石，又得六字古铜鉨。
四月廿二日		书十二纸，又一纸，又别缄三纸署初五日，当系同发	释古鉨鼎彝文字[illegible]，自是“北”或从北字之省，[illegible]即“背”，“月”后加。又云今日索拓者多，以古文字讨论酬酢者少，不报不助尤多，苦心至如君子者鲜矣。
四月廿三日	篆书二纸		至河间访汉君子馆旧址，有“贵乡距此五百余里，瞻望德星，恨不插翼而飞一亲颜色”。
五月初五日	书十四纸		称簠斋求古之力，使齐鲁田夫牧竖皆知古文之可重，不任委弃瓦砾，地不爱宝，将日出而不穷，并述州县赈事七病。言之极为痛切。
五月廿三日		书十纸	详论赈事七病，前数页已残佚。
六月初七至初九日	书三十二纸		已佚。据七月八日书，知寄赠封泥等物。
六月三十日	书五纸		在宁津赈局发河间振济，窓斋任筹款，实总其成，赴乡清查户口则盛宣怀任之，是书仍谈赈济事。
七月八日	书二纸		寄赠古币古鉨二封，附目。
七月初九日	书三纸		赈事冗集，暇中始讨论金石文字。

续 表

年 月	吴 书	陈 书	事 实
十月初九日		书六纸，又一纸	复宁津之书，贺晋侍读学士衔，寄姚伯符①摹古陶图六十三幅，朐盘大者一幅，有云弟年益衰，兄秩日上，不可不早使一见，弟之存心本求积实去私，于不能已者辄不量力，而古文字之好同之，兢兢以玩物惧，六十以前廿年已力屏之，今复乐此，心不能已，亦时以自儆，是以偶语自述，必以义理与古文字并论，可以见其立身之旨，并请书联。
十月十四日	书三纸		八月振毕，由津入都，连殇子女，心绪恶劣，寄赠长安新出土尊𣪘拓本及宋元以来官印拓本。
十一月廿七日	书六纸		以道员分发晋省，仍居都门，寄赠长安铜印一百五十三种拓本，在汴梁得𠦪字玉印。
十二月五日		书二纸	寄赠古鉢泥封并陶拓三十五纸。
十二月廿日		书七纸	新得瓦陶二百卅二种，辨证玉印𠦪字是“戚”字古文。
光绪五年己卯（1879）正月人日	书四纸		复腊月五日函，时窸斋未赴晋，又简授河南河北道。
正月十一日	书二纸		去腊得《西清续鉴》，赠潘伯寅所藏盉觯古币拓片。

① 应为“姚公符”。

续 表

年 月	吴 书	陈 书	事 实
五月十一日	书二纸		寄《长安获古编》稿本，并读姚公符代拓封泥十种，王廉生由蜀入都。
六月八日	书三纸		愙斋二月间抵汴，旋即到任。时五月，由武陟县辉县红石堰验工，得瓦鬲，又得陶器数种，是书写于祥河工次。
八月廿九日	书六纸		时簠斋族弟子振卒于道署，愙斋为之经济其丧，请其侄开运早来扶柩回籍。子振工篆刻，吴陈两家之印多为所镌。
九月十九日		书七纸	谢料理子振之丧，命开运星夜遄行，免致河冻。时姚伯符已作古矣，赠陶拓四百十二纸，近已有作伪者。时居灵阜居庐，《簠斋尺牍》后半已佚，止于此矣。
清光绪六年庚辰（1880）三月廿四日	书三纸		到官未及一年，是年正月命赴吉林襄理防务，三月间由汴入都。是书写于德州舟次，客冬在辉县得刘韬墓志，原石已断，检寄拓本。
八月十二日	书七纸，附《龙节歌》二纸		四月八日入都陛见，五月十七日抵吉林省，与俄界毗连之处，以珲春三姓最为吃紧，愙斋办理防务垦荒事宜。夏间在都，延煦堂以龙节见赠，作《龙节歌》以拓本及《龙节歌》寄赠簠斋。

续 表

年 月	吴 书	陈 书	事 实
清光绪七年辛巳（1881）二月初六日	书六纸		去冬在宁古塔珲春一带校阅防军，新正在省杜门无事，读两《汉书》，释西汉三国名人私印。去冬招抚金厂头目韩效忠，舆论称快。
十一月初九日	书八纸		夏间奉命督办宁古塔珲春三姓防务屯垦事宜，又蒙恩补太仆寺卿，编集《说文古籀补》。是书写于宁古塔乜河营次。
光绪八年壬午（1882）二月三十日	书九纸		谈边事武备，僚属中堪任边事者惟寿州戴宗骞一人。
六月初七日	书已佚		
六月初八日	书二十纸		谈吉林吏治饷糈及现代火器有“文字尚古，器用尚新”之语。
六月初九日	书十二纸		谈治世用人之法，《说文古籀补》已刻至第六卷，书至八卷而止，诠释所寄鼎彝文字。
七月十二日	书三纸		检寄手拓虎符龟符鱼符十四种，龙节拓墨一纸。
七月廿二日	书二纸		惠寄古陶拓多已采入《说文古籀补》，附寄《读古陶文字记》一卷，计七叶。
九月二日	书二纸		寄赠篆书联。
十月十七日	书八纸		复五月廿日书，谢赠爵符古陶封泥等拓本。时俄官虐待华民交涉棘手，令人气愤。

续 表

年 月	吴 书	陈 书	事 实
十一月十八日	书十八纸		凑集《印举》摹印之资，每部百金，今年古器拓本往往束之高阁，十日半月不一披览，是时治军甚忙，故不暇治金石文字也。定龙节为晚周物，附寄赠古器物拓目。
光绪九年癸未(1883)二月初六日	书五纸		时俄人侵占珲春黑顶子地方，去冬赴珲春索还侵占要地，议久未决，乃请勘查边界以固疆域，并谢惠寄钩戈古鉢拓本。
十月十八日	书十纸		时法人进攻越南，愙斋奉命统率民勇三千，航海来津，疏请赴粤相机进扎越南，未蒙俞允，仍命驻津协助北洋海防，分防乐亭。谈越南近情，云南中将领大率仗血气之勇，以徼幸于万一，事前不考究，临事已措手不及，此何等事而可以卤莽出之哉。并请簠斋为撰《〈说文古籀补〉叙》，辨析所寄金文六朝造象文字，宝鸡新出秦权文字极奇古。
十二月初四	书五纸		接合肥相国书，知有寄谕命赴粤帮办军务，冬月廿三日续奉廷旨，毋庸前往，是书详谈军器军备，盖愙斋颇以得西洋火器自持也。
十二月初五	书五纸		复九月十六、十七日两书，协助日本同开松岛实无其事，仍论军火器械，主德国战阵之法。

续 表

年 月	吴 书	陈 书	事 实
十二月六日	书三纸		时练军津南，近日操演，自朝至暮，人人之有磨厉以作之志，无一怨咨者。枪技亦愈练愈精，今年如有战事，小胜小败必可与敌相持，堪告慰荩怀也。
			愙斋致簠斋尺牍，至光绪癸未十二月初六日而止，盖光绪十年甲申簠斋即归道山矣，两君神交十年，恐终未能晤面，仅留此翰墨之缘，供后人景慕而已。

右愙斋尺牍存者五十八通，簠斋尺牍存者三十七通，吴陈两君半生行事大概见于此矣。昔人之治金石学者，往往藉以为鉴赏之资，至两君乃笃于文字之好，以证前人之失，而补许君之阙，其搜讨范围已较昔人为广，上自鼎彝盘盂，以及钩符封泥古陶瓦砾，无不可以为考古之资，簠斋云使三千年上文字之在瓦砾者装而传之，此亦归里后数十年真积之力，从此齐鲁人人心中知有此事，则古文字所全多矣。其真知灼见实有不可及处，至簠斋论救荒振济之方在积谷平糶，而施行之法则在清保甲而杜官吏之侵吞，因之有感于今日之水旱濒仍，实因于仓社废赋税苛，馑饥猝来十室九空，措手莫及。政府虽有振济之事而富商大贾奸诡之徒拥资厚糶居为奇货，此与官吏之侵吞何异，是簠斋之说虽为过往之陈迹，然实可为今日之借鉴。至愙斋论现代军备有“文字尚古，器用尚新，非亲自试验不知其中之深浅利钝”之说，是愙斋亦知学术进步固无止境，非跬步自封胶于成见者可比，徒以研经积学之士而畀以封疆之任，实未能尽其材也。民国廿六年七月廿一日夜书于旧都小水车胡同寓庐，时深夜二时矣。

吴窓斋赤牍

一

昨游厂竟日，得一觯，字甚深。拓出奉览。满身无颜色，俗手以蜡涂之，洗之不尽，未识有何妙法示我为幸。前晚自涵秋阁归，即以尊意转致司农[①]，昨早又将手札封去，两书并无一字见复，想不怒也。今日未刻后老弟游厂否？廉生弟览。兄大澂顿首。新正八日。

二

煦堂藏印请子振代为料理，始得毕事。原印一百方，又于匣底检得穿带印一方，连银印、玉印共一百一，定本一束乞检入。今日进城，如出城不晚，当奉访也。廉生仁弟大人。兄大澂顿首。十二日。

三

新得秦诏版，不可不先奉览。郑师尚未知，知之必着急也。此物幸□敝中，真是奇缘，吾弟当已知其来历矣。徐金罍印尚可用，润笔已为代□，无须发还。手泐，即上廉生仁弟大人左右。如兄大澂顿首。奠仪至薄，不可却，聊代香楮耳。十四日。

四

退楼寄到图释四册、古镜拓本二册，送览。款识字尚可，图则不精，铜鼓亦刻入，殊太陋矣。邾公牼钟竟未见拓本。廉生仁弟左右。兄大澂顿首。

---

① 司农：与下文郑师同指潘祖荫。

五

昨奉圆泉压胜[①]，何足云报，乃此区区者尚复掷还，益令愧悚无地。贵恙已愈，广和[②]之约缓数日再订。今日将商镈释文录出，下午脱稿即当诣谭。承示获古本，必欲一睹为快。小宇礼物顷才送去，乞婉致，务必全收，至祷至祷。手复，即上廉生仁弟左右。兄大澂顿首。廿八日。

六

司农既命绘爵，又属写盂鼎释文，又欲招往剔卣，一日数差，兄实无此健腕，不比㧑尗[③]有求于司农，终日奔走而不辞，兄则自吃自饭，何苦乃尔，只得贪懒矣。顷又属篆印文，已应一差，亦可告无罪乎？司农致吾弟书，想必有见怪语也。廉生仁弟左右。兄大澂顿首。

七

新得各泉，在兄以为奇遇，实皆执事与石查常有之物。拓奉一分，乞捡入。昨日吾弟以二金所得之品，泉耶？币耶？印耶？幸示及之。太货六铢初不介意，石查与弟皆以为难得，故以二金购之。去年朱麻有一品，似亦索五六金也。廉生仁弟左右。兄大澂顿首。二月廿二日。

---

① 即前文所见之“厌胜”。

② 即广和居，北京名饭馆，晚清名流雅聚之所在。

③ 㧑尗：即赵之谦，字㧑叔。尗即叔。

八

顷至德宝、含英，适步后尘，却未至筠清。承示铜鼓，不劳而得，何幸如之。执事善为我谋，至感至感，明早当即往取矣。廉生仁弟如手。兄大澂顿首。廿六日。

九

焦山僧寄到拓本三种，附呈赏鉴。遂启諆鼎，尚有原字，显然可睹，留此作一证据。无专鼎[①]本不佳，拓亦不精也。圆泉二品，压胜一枚，并乞哂存。明晚无事，当约香翁[②]至广和谭谭。乞示廉生仁弟左右。兄大澂顿首。廿七日。

十

连日伏案，钩摹拓墨，它事均不暇顾。印本已打者二十七方，先奉览。簠斋[③]来信，已复之。此次仅寄年翁瓦拓全分七百余种。兄已略观一过，真三代古陶也。录簋盖、唐刻一纸，附呈赏鉴。井阑及他刻容再续上。徐君刻印当即交。弟夫人贵恙当有转机，念甚念甚。廉生仁弟大人。如兄大澂顿首。廿七日。

---

① 无专鼎：当为无叀鼎。

② 香翁：即张之洞，字香涛。

③ 簠斋：簠斋以及此后的簠斋丈、簠丈等，俱指陈介祺。

十 一

积古斋邾公华钟[1]，尊处如有拓本，乞借一观。顷见此器，亦系伪品，然与积古所刻无异，想即河间物也。廉生仁弟左右。兄大澂顿首。廿八日。均初于二月初七日竟归道山，闻之极为悲悼也。

十 二

昨日客散已晚，不及奉陪雅游。商镈释文删去百余字，如有谬句，乞再斧削，万勿客气。香翁谦让，不肯动笔，无已只得执贽门下，或不吝教耶。廉生仁弟左右。兄大澂顿首。吾辈直交，不得过谦。大作释文亦可与香翁酌之。六月八日。

十 三

英古[2]一敦，兄以卅五金得之，如知其来历，大可省数金也。退楼所得伪器，或自知之，得之即自讳其伪，自欺欺世，有识者自能辨之。司农商镈，寿老[3]已不以为然，亦恐为退楼所訾议，款识中又不能不列，吾辈亦无如何耳。兄所欲刻之器，须精而又精，宁少毋多也。廉生仁弟。兄大澂顿首。

---

① 此处所论“邾公华钟”为春秋晚期的青铜器，著录于《集成》245 号，现藏于中国国家博物馆。

② 即英古斋，琉璃厂内的古董店铺。

③ 寿老：即陈介祺，字寿卿。

十 四

昨在石查处见宝六宝四货，心甚爱之。今日适有人携来数种，其价甚昂，然不能不买。泉既上瘾，又有无因而至者，其势不肯割爱，奈何？附上七种，约值若干，乞示及之，兄实毫无把握也。大泉五十阔边者，吾弟与石查皆无之，岂不足收耶？乾封易得否？廉生仁弟大人。兄大澂顿首。二十日。

十 五

前日松茂[①]携来各种，除孝建未收外，以十金得之。又有契刀一品，兄以为伪，请审定之。此皆松茂新得之货。又有一小汉镜，“位至三公”，满身黑漆，皆不能不得。近日泉运皆佳，只多花泉耳。拓本稍暇奉上，今日尚有酬应也。廉生仁弟左右。兄大澂顿首。二十一日。

十 六

造象拓本二种领到，谢谢。仲辰印刻来，当先为开用也。小瑀兄处，乞转为道谢。今日至前门东答客，甚苦事也。廉生仁弟左右。兄大澂顿首。

十 七

司农两札附阅，鄙意右戎惠姜似尚未安。请孟伯先生正之，必有说以处此。廉生仁弟。兄大澂顿首。

---

① 即松茂斋，古董店铺。

十　八

廉生仁弟大人如手：

承惠王稪墓志，得未曾有，敬谢敬谢。移居当在二十左右，书簏均未开，斗室中无可容之地。石经亦须稍迟送上也。秦鼎当是梁器。昨借郑盦师拓本内已见之，似尚可剔。敝藏拓本，俟捡齐再送览。手复，敬颂著祺。兄大澂顿首。五月六日。煦堂拓本，先睹为快，兄亦当以全分报之。

十　九

前日在南荷泊竟日，两奉手示，未复为歉。昨有它事，不得闲。子振先生两次来寓，均未一晤，怅甚怅甚。兹约初二日在寓拱候，必可畅谭矣。补呈爵、觯及汉器，计六纸。余器皆在此，可徐拓之，惟父辛残盘，止此一纸矣。顾氏器十六叶，奉赠鉴赏。丁筱农[①]器重分，望即检惠，至祷至祷。手复，上廉生仁弟大人左右。如兄大澂顿首。七月朔日。

二　十

煦堂拓本多旧拓，真伪杂出，兄并伪者亦钩存之，别为一册。俟十册钩竟，携至弟处再加选择，吾两人共品定之。精者、至精者、真者、次者、可疑者、伪者逐一识别，将来编定时易于去取也。李山农静簋至宝，"静"即周宣王名，《史记》作"静"，《汉书》作"靖"，疑为共和时

① 丁筱农：即丁彦臣(1829—1873)，字筱农，浙江归安人。在山东为官活动，历任巡抚阎敬铭、丁宝桢皆器重之。喜收藏，藏品见《梅花草庵藏器目》。

器。中有数字可与经文相考证，吾弟有此拓否？堂屋已扫除，拟即往邀子振移居之。弟夫人贵恙未就轻减，至以为念。日内未暇走候，歉歉。顾祠唐志止此一石，牟跋所云王公志石必在于景元家，吾弟必能访之，此《顺天志》所必录也。仆人极老实，拓虽不精，尚属干净。唯四边墙砖塄起，扑包所不到，须用小包扑之，尚未得法耳。墨色乃用砚磨，非用水浸，故略有光采。昨与悯忠寺僧说法，邀芍兄[1]大加申斥，始得椎拓《宝塔颂》一本，附鉴。近所钩本已得二百五十种，计八月内可得五百种，然它事多搁置。郑师十日不通书矣。薛帖幸秘之，借观之件不敢转借出耳。廉生仁弟大人。如兄大澂顿首。七月廿九日。

二一

铜、玉印二十余品，聊偿半年行路之苦。小品以一钩为最精，似在丙午神钩之上。又于未央宫故址拾得残砖，有从前所未见者，泥封亦得十余种，尚未暇拓。兹先寄呈彝器、造像各拓本，乞察入。簠斋丈处一分，并求转寄为感。都中计已揭晓，深盼捷音，临颖不胜翘企之至。如兄大澂顿首。九月十三日。

二二

昨日同乡有喜庆事，时晚不得出城。顷回寓得读手书，并交到公局分资，均已照领。退楼先生寄奉拓本十四种，呈览。顷即有事他出，未获趋谭，竟钩二器，归时检出送缴也。初二与皞民往散棉衣，今明尚欲一晤。手复，即请著安。廉生仁弟大人。兄大澂顿首。十月卅日。

---

① 芍兄：即汪绶之（1827—1897），浙江钱塘人，举人。

二　三

廉生仁弟大人阁下：

前奉数函并令弟换照公文，又恳转寄簠丈百金，计均察入。簠丈惠寄拓本全分，想已交晏生代寄，无任盼企。近得一鼎，拓奉审定。“帝考”二字，彝器所未见，宗祀文王于明堂以配上帝，亦不称“帝考”。惟微子为帝乙之子，武王封虞、夏、商之后以备三恪，《左氏传》作“恪”，《说文》作“窸”，是鼎“王为周，细审字口从不从吕。锡贝五朋，用为宝器”，从客从当即“窸”字。鄙意窸、恪、疑皆“客”字，古文变化，随意增损，“三恪”即“三客”，《周颂·有客》可证，《振鹭》诗“我客”亦指二王之后。汉儒分“客”“窸”为二字，备周窸而称“帝考”，其为微子之器无疑。字体与前得方鼎相类，在商周之间。弟一字疑即“启”字。“启”与“合”意相对，“合”字从口从亼，象三合形，“启”字从口从，象半启形，如器之有盖，合则口在下，启则口在上，字兼象形会意。《说文》训“启”为开，并不专主启户，或古文从，篆文变从户耳。上从三人，即“众”字，《诗》所谓“追琢其旅”也。象马络头形，疑即字。师众归周为羁旅之臣，王命为周窸，即《诗》所谓“言授之絷，以絷其马”也。兄以重值得此鼎，为所藏诸器之冠，自镌一印曰“汤盘孔鼎有述作”，与是器正合。吾弟见之，当为色喜。即以文字而论，亦属至精，况为殷王元子之礼物耶！又得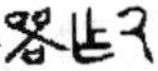爵，与松竹一彝色泽无二。售者因其红绿斑斓，甚为居奇，遂以三十二金得之。秦中一爵，向值十余金，近在二十左右，无如此之昂贵者。古器近不多见，得此已足矣。郑盦师所示一卣甚精，唐楷之砖塔铭也。手泐，即请著安。兄大澂顿首。四月四日凤翔试院泐。

二 四

廉生仁弟大人如手：

五月十八日接奉四月初十日手书，并簠丈所寄二函及金石全分拓本。此系晏生之弟自都门步行而归，专送三原，至为妥捷。前寄簠丈百金，收条已领到，容后再寄拓费，再求各拓，已于复信中略述之。簠丈所需《西狭》《耿勋》各拓，因前次所拓宣纸者仅拓十分，所余无几，势难再拓。《石门颂》则尚有续拓，未寄来也。兹有仆人入都，先检得十余种，费神交潍足转寄为感。近得商鼎商彝，碌碌尚未拓，两三日内拓寄鉴赏。匆匆手复，敬请元安。不尽百一。如兄大澂顿首。五月廿四日。

二 五

尊藏拓本内有纪数之文，望为录出寄示，是否燕翁藏器，并祈示及。兄所见金文有纪数者，惟此器及齐罍两壶八鼎之文，其他著录未之见也。昨拓工自宜君回，广武将军碑竟未访获，为之怅然。金石旧志往往不载小地名，久则无人顾问，或遂委弃榛莽间。兄雇一拓工，日给青铜三百，令赴各属搜拓宋元石刻。时有六朝造像向所未见者，该拓工颇肯留意，亦表微阐幽之一端也。石门李苞题名及潘宗伯、韩元仁一行，原石已泐，无从访得。近得旧拓本一纸，拟摹刻一本于西安，存此形似，而广武碑并拓本不可得矣。大澂又顿首。

石门各刻向来拓工多用粗纸，因绵连纸太薄，磨崖凹凸不平，墨汁透纸嵌入石理，竟揭不起，宣纸稍厚者尚可用。所谓字口墨晕，不系纸之厚薄，乃拓工不肯多椎，又用浓墨速拓之故。若字字椎到，用墨轻扑六七遍，便无此病矣。然石门拓手本不佳，兄屡以厚值给之，又令至署中监拓他石，教以用墨之法，近来颇有长进，故《西狭》《耿勋》稍胜前拓也。潘宗伯题字，亲访不得，此间帖铺亦无旧拓本，而李苞题名二行，险峻不易拓，下临深涧，工人惴惴有难色，故不可多得，当属其设法再拓数纸。明春奉寄《西狭颂》，侧有宋人题名数段，将来可补入《关陇金石志》也。唐墓志不见著录者甚多，秦中绅士家往往秘之，亦不令拓工往拓。近又密访得十余种，皆所罕见。三原有魏造像残石砌入渠内，已属县令将他石易之，舁置学署，新正拓出寄览也。闻成县凤凰山修经阁有磨崖字“汉”“永制”“二年”云云，已遣拓工往访之。大澂又启。

二　六

廉生仁弟大人如手：

久未得书，至以为念，前寄石门各刻想已鉴及。兄自七月初三由兰省启程，十七抵西安，连日录科，近将竣事矣。昨由褒城拓工送到《西狭》《耿勋》《郙阁颂》，各检一本，寄呈赏鉴。《耿勋》额甚难拓，《西狭》额及题名均已全拓，差可当意。尚有拓工寄售《西狭》十分，亦均有额有题名，常纸墨拓亦尚精好，已寄胡子英代售，都中金石家想必争先快睹也。折差即行，匆匆不及缕述，即请元安。兄大澂顿首。七月卅日。近得铜印十品，“巨秦八十万”甚可爱，余无所得。

二　七

廉生仁弟大人左右：

昨接九月廿四日手书，并簠斋丈信，砖瓦拓八纸，谨已领到。鲍年丈所寄蓝布包一件，未知从何觅递。自筱午侍郎入都后，捐事停罢，聚亿无专足之便，寄书又不易也。前交仆人王贵带去各拓本，旋又寄复一缄，想均鉴及。秋间在青门小住，所获零星金石砖瓦残片不少，以匆匆出棚，未及悉拓。以龙蛇辟兵钩为最精，以梁一全币范为最难得。"王逞玉印"为汉印弟一精品。造像数种以大统、开皇二石为佳。又得铜像,有阳识字数十,无年号,疑为宋时物,涂金斑剥可爱。又访得玉造像,仅得拓本,似魏刻,无年月,亦可购也。泥封得二十余,斗检封得其四,虎符得其一,善业泥残字得其五,唐志残石得其三,而彝器则寥寥罕靓矣。簠斋丈藏器拓本,拟得一全分,须俟明春寄值。因清理夙逋,近况甚绌,询之皞民,可得其详。承代致汉画像又山左各碑,至以为感,俟有折便,当属走领。所示令弟寄籍,是否在陇西县入学?兄未得其详,无从核办。咨改原籍,本无不可,恐部友坚持不允,似须预为打听,免致部驳。令岳交卸密云,尚住保阳,当于合肥信中提及之。试事甚繁,拨冗手复,即颂台祺。不尽百一。如兄大澂顿首。冬月初九日。秦州泐。兄于前月按试巩昌,昨甫抵秦,今日扃试经古,计此间试竣已在二十四、五,尚有阶州一棚,年内能否赶回三原,尚未可必耳。

敝处刻工,今年为簠斋丈刻瓦当五十余叶,不及兼刻彝器。兄所集吉金图款两年之久,仅刻七十余种,明年拟广集款识刻之。只此一手,日不暇给。拟将瓦文摹本寄至都中,交文锦斋穆刻字代为付梓。属其至尊处议价,全瓦每叶约四千文,半瓦每叶约二千文,能再省尤妙。并拟费神转交发刻,刻就十叶缴至弟处。每版刷样两纸,以一纸寄簠丈,想执事不以为烦琐也。其价仍由兄处寄给,毋须代付。大澂又恳。

二 八

廉生仁弟大人如手:

前在三原泐布寸缄,并由协同庆汇寄百金,费神转缴簠丈拓值,计邀鉴及。兄自冬月朔启程南下,途中阻雪阻风,节节延滞,今日始抵汉口,计望前后可达金闾。舟中无事,手拓精品,分贻同好。寄呈秦诏版二分、一用旧宣纸,拓不致。神策军鱼符一、龙武军龟符一、鹰扬卫龟符一、铅印范一，皆濒行所得，乞审定之。诏版尽萃于簠斋，关中无复出土者。此系旧家所藏，以重值购得之。遍历秦土而不获一秦器，未免憾事，得此亦足称快矣。因拓十纸，寄簠斋丈，乞于便中转寄为感。所收古印，得百二十余，编作《印存》二册，俟明春入都时奉赠也。手泐，敬颂著祺，并贺年禧不庄。如兄吴大澂顿首。腊月五日。汉阳舟次。

二 九

廉生仁弟大人如手：

廿二日由提塘递到十月十日手书，并录示簠斋丈信及纸样半纸，皞民收条，均已领悉。藉稔贵恙已占勿药，至以为慰。维起居保重，善自珍卫，无任企祷。石门访碑甚苦，亦甚乐。鄐君开通褒余题字所缺尾段，亲访得之，风雪满山，未及手自摩挲，属工拓寄数纸，至今未到，尚在疑似之间。永寿石刻亦尚可宝，先寄两分，亦野人献曝之意也。王远《石门铭》，石缝凹凸不平，此次精拓一本，较旧拓尤多清朗。汉中城内宣纸甚少，遍购得五十余纸。三汉刻、一魏刻可拓三分，以一分奉赠，一分寄簠斋丈，自留一分而已。惟崖谷严寒，非天气稍和不能上纸，每种仅拓一分，纸墨尚精，较之陈拓琅琊精本墨色少逊。续拓二分，尚未寄来，年内能否椎拓，亦未可知。此事颇不易，幸为秘之，恐纷纷索拓，无以应命。《西狭颂》《郙阁颂》《耿勋碑》诸刻，亦属石门拓工张懋功于明春二、三月间往拓，所费较巨，吾弟必有一分。惟《仓颉庙碑》《唐公房碑》未能精拓，各检一分呈鉴，想尊藏必有旧本，无足取也。簠丈所寄拓本一箧，闻之心喜，不识子年丈从何寄达，如无妥便，商之关提塘，必为设法妥寄。兄自汉中校射半月，精神惫甚，百事俱废。昨接郑盦师信，寄示拓本三十余纸，当以敝藏各拓本为报。惟行箧中所带无多，并有寄南各器，此间并无拓出者，晤时乞代道意，非敢吝也。仲秋道出凤翔，以十金得一破敦，乃虢仲城虢时所作，其地又为西虢故地。此兄生平弟一快事，特拓二纸，寄呈赏鉴。盂鼎闻已入都，郑师必有精拓本，兄所得者，纸墨均粗。《华阴庙》残石拓本，亦在三原署中，岁暮再行检寄。馈岁诗十六韵附呈，聊博一粲。今日自兴安赴商州，舟中书此奉复，敬贺年禧。兄大澂顿首。甲戌仲冬廿四日。

寄簠斋丈信，如子年丈处有便，即乞封固代交转寄。晤年丈时一询及之，石查先生不与鄙人通书，或尚有牢骚之意？兄欲觅一泉赠之，岁莫旋省，必有所得也。再欲奉恳代购魏碑数种，另单呈上。大澂又启。前求石查先生为刻石印二方，乞一询之。

三 十

退楼所刻，四册已领到。较前书少刻《听松》及《兰亭》经幢各种，亦稍慎矣，然尚带《金石索》笔意。十钩乃遂生出挠之货，养间以重值购之转赠退楼者。鄙意以为，汉器宜择精者刻之，如尊臧之千万钩，便觉可爱。吾辈所见吉金，将来汇成一书，必得详审精选，不为识者所笑。不见原器不刻，图工而说少，亦臧拙之道也。皞民已归，今日往访，又作半日谭。绘图究属费力，无事时日绘一器，此兄精神所结。他日当与石查拓本并传，一笑。廉生仁弟。兄大澂顿首。富华嵩山阙全分约值几金？乞示。前日往取一分也。

三 一

揭器求言，竟招不得出处。兄处书少，检查费力，类书诚不可无也。今日为司农绘图，昨晚送去数叶，今早又来索图，此岂顷刻可成？如再迫促，只得告假矣。退楼一器，亦尊属物，必有偶信然？廉生仁弟。兄大澂手复。十四日。

三二

廉生仁弟大人如手：

西蜀东边，迢迢万里，鸡鸣风雨，我劳如何？昨得郑盦师书，知旌旆还京，亟欲通一缄，以伸积愫，亦知良两之垂念近状，同此耿耿也。去冬得簠斋丈寄赠张虔万、赵虔弘造像小铜碑，并云吾弟新得开皇十八年沙门明判造像小铜碑，尚乞寄我精拓本为感。蜀中古刻，又有新出土否？道出长安，搜罗必富，箧中有拓墨，幸示一二以广见闻。秦出马氏瓦，想已得之。西汉外戚无马氏，大澂以为司马良娣园寝之瓦，见《元后传》中，质之执事，以为然否？此间近事无可述，惟劝农治军，驰驱鞅掌，头绪纷纭，日不暇给。古文字辄置高阁，或数月不触手，《说文古籀补》编至弟十一卷，去夏至今未续一字，不知何日成书矣。新得龟符一、鹿瓦二，拓以奉鉴，余无可呈。孝达中丞久无音问，想从者渡汾时，必握晤也。手泐，敬请留安。如兄吴大澂顿首。二月望日。

三三

廉生仁弟太史如手：

去腊望日行抵泰安，翌晨登岱顶，归至岱庙，于暮色苍茫中手拓秦石，寄呈一笑。八字真鉥，已由郭家归愙斋。知尊处所得朱墨拓，皆西泉仿铸，精妙无比。伯元亦曾见之，其铜质一望而知矣。乞告郑盦师，勿为刘估所绐。近得古玉鉥四，为赵谦士[1]家旧物，少暇属伯元拓寄。今日抵香港，舟中率布，敬颂台祺。如兄大澂顿首。二月初

---

① 赵谦士：即赵秉冲（1757—1814），字砚怀，号谦士，上海人。官至户部右侍郎，书画印俱佳，喜好金石学。

五日。

三 四

在历下得一爵，适与伯元代购之爵同文。伯元云尚有一爵，不知何人购去，岂意此爵已先归愙斋。延津之剑离而复合，亦可喜也。在维扬得一鼎一彝，吴中得追敦历盘，先检数纸奉寄，重者赠伯兮[①]同年。盘拓再寄。爵拓未全，俟续寄。古鉥拓六纸附上，乞以两纸代呈郑盦师，以两纸转赠伯兮同年。敝处印泥尚未调好，似不如西泉所拓之精，然此中真伪自有定论，识者必能辨之。前月寄书，当已澈览。敝署不派门印签稿、接帖，不令与外人交接。旧仆甚闲，皆令学习拓砖拓瓦，所藏吉金可拓全分，当寄郑盦师、吾弟、伯兮同年各一分。兹先寄上黄戉拓二，乞以一纸分贻伯兮同年，可证《尚书》“黄戉”之当读“横戉”也[②]。履任月余，昼夜伏案清理积牍，今日始得片刻闲，聊布数行，不尽宣悉。廉生仁弟太史执事。兄大澂顿首。孝达先生平正忠直，可敬可佩，谣传皆不可信。三月既望。

三 五

廉生仁弟大人如手：

初夏在都，匆匆十余日，独与执事握手畅谭，大为快意。又值南宫高捷，金殿挥毫，稽古之荣，盍簪之乐，亦极一时盛事。适以衔命驰征，敦迫就道，蓬山高会，未获躬逢，惟有望风额手而已。开课以后，

---

① 伯兮：应即盛昱（1850—1899），字伯羲，又作伯熙、伯羲、伯兮，满洲镶白旗人，为宗室子弟。光绪三年（1877）进士，曾任国子监祭酒，山东乡试考官。不过二人乡试、会试均并非同榜登科，“同年”之说不知从何说起。

② 黄戉：出自《尚書·牧誓》。

不知文旆尚作锦江之游否？念甚念甚。大澂自抵吉防五十余日，因饷糈军火转运稽迟，赤手支撑，巧妇亦拙。此间风俗近古，二百年来依然蓝缕。珲春不用圆泉，以化易化[1]，抱布为市，间用白金，称物平施，竟不知五铢半两为何用，真是三代以前之世界。日内拟往三姓设防，由松花江顺流而下，扁舟如叶，有柁无帆，质朴可笑。三姓以东，即赫哲部落，其地专以渔猎为生，有白首未尝菽麦者。见拟招集而训练之，当可得劲旅数千，为东方之捍卫。书生戎马，别树一帜，亦足自豪，虽强邻不能测其深浅也。橐备一器，为向来金石家所未见，鄙说似非肊断，拓呈鉴赏，乞为考正之。龙节拓全形，可正积古斋龙虎节之误。望以尊藏太室埙拓一纸以报我，可乎？簠斋丈久无信至，未识吾弟时通音问否？极以为念。手泐，敬请台安。言不尽意。如兄大澂顿首。七月初九日。

三　六

廉生仁弟大人如手：

六月廿五日奉到五月廿六日手书，承惠各拓墨，至感至感。东边秋暑至今挥汗如雨，为从来所未有，作答稽迟，职是之故。尊藏古剑至精，在簠斋藏剑之上，惜拓纸不平，装潢易于掩字。鄙意用小横纸拓，文黏于剑，拓较为精到。此真宝剑，乞属拓者再为精拓一纸见寄，或尚可尽识其文也。觚文精确。方鼎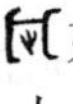妇，疑世妇，彝器中“世”字异文最多。“盉”字乃秦刻，其器必佳。大泉铁范，完整可喜。齐刀范面有三画，亦属异品。《孝经》石多一“已”字，其文似晚唐而非宋。乾符经幢小而完善，至不易得，兄在秦三年屡访之而无获，其大者皆不可移也。煦堂近年有无新得？拙著《说文古籀补》行将竣工，如有创见古字，尚可录入补遗，如晤煦堂乞致声。兴定钞铜板拓奉鉴定。尚

---

① 化：通“货”。

有新得器数种，苦无拓手，容再续寄。手复，敬请韬安。如兄大澂顿首。七月廿五日。

三 七

七月十九日接六月望日手毕，发缄伸纸，笑与抃并。涂金铜碑为海内至宝，曾见覃溪先生[①]手拓天宝小铜碑题云：“视学山左时，有诸生持此以献，不敢受，乃手拓二十纸而还之。”今天宝、永淳二碑均归簠斋，而执事竟得一随一唐，其视学中州之兆与？亚形中象形觚与煦堂所藏敦拓同文，两手理发形，或即母古文、两手授舟形，即受字、子执旂形、乙自，即“师”之省。足迹形，文皆同而敦文尤工，尊处当亦有此拓墨。告田觯，阳识可贵。且丁尊盖，且戊爵，横目牺形彝并佳。形鼎，文似稍弱耳。五金泉竟文至精。番篆铜碑亦见所未见。美阳高泉宫鼎末二字“名百”，汉鼎纪数往往有“名曰”字[②]。象形圆鉢非商即夏，可为古鉢之冠，不知执事从何得之。汉瓦器盖亦可爱。尊藏古陶类，想已巨富，遍拓不易，有代拓者，必为留一分。簠斋丈有所获，必寄一拓，此其例也。蜀石十纸，蜀残碑二段，秦出造像三种，盐山、临淄所出各一石，又天统、天保造像二，得此十九石亦不为少，想见文旌入国门时行装累累，满箧满车矣。兄舟车仆仆，于风雅事日疏一日，穷荒数千里，竟无古迹可寻，殊为闷事，画卷恐难报命。今年新得一敦一卣，系大梁故家物，拓奉鉴赏，不足云报也。同日又得四月廿四日惠缄，由柯凤孙孝廉寄来。柯君掌伯都讷，去此千余里，尚未得见，闻之极为敬佩。大澂又顿首。廿六日。

---

① 覃溪先生：即翁方纲（1733—1818），字正三，号覃溪，直隶大兴人。乾隆十七年（1752）壬申恩科进士，官至内阁学士，书画、金石俱有研究。

② 据研究，“名曰”是汉代铜器的编号方法。

吴大澂手札

一

均窑碗、有玫瑰紫者佳。哥窑瓶、色古厚而有光，此的真宋瓷无疑。仿定窑碗、质细而声亮，制作甚精，何昆玉[①]以为康熙官窑，大澂则疑为明瓷仿定之作。填白碗、细洁而声如磬，的真成化窑也。龙泉小碟、与旧有二碟大小适均。淡清碟、疑亦明人仿宋之器，铁足者必系旧瓷，非本朝物。霁江碟、干霁色甚佳，然不如明瓷之厚矣。犀角杯、如此大者罕见，当亦定为酒器。小钟，首一字杂凑不成文，"作"字乃张凤眼之凭据，其生平惟"作"字"父"字刻不好。陈宽五家汝窑瓶当遣人访之。

二

翰卿[②]五兄世大人阁下：

顷接小暑所发手书，承示代购书画古玉各种，壶、尊、觚、觯以色泽花纹审定之，必系三代时物，而近人如锥庵、小圃[③]皆生平至好，彦冲[④]为鄙人所企慕之人，均得如愿以偿，快幸曷极，感佩曷极。六如

---

① 何昆玉(1828—1896)，字伯瑜，广东高要人。尝客山东潍县陈介祺家。工篆刻，辑有《吉金斋古铜印谱》六卷。

② 翰卿：即徐熙，字翰卿，号斗庐、斗庐子，江苏吴县人，古董商。

③ 锥庵、小圃：即陶淇、倪耘。陶淇(1814—1865)，一名绍源，亦作绍原，字锥庵，浙江嘉兴人，擅长山水、花草。倪耘(？—1864)，字芥孙，号小圃，浙江崇德人，擅长山水、人物，两人并称双绝。

④ 彦冲：即刘泳之(1809—1847)，字彦冲，号梁壑，原籍四川，随父寓苏州，工诗文、善绘画。

精本，正敝藏所缺，戴文节[①]双题山水，此时更不易得矣。近得岳武穆[②]书七绝小轴，纸墨图章均非后人所能仿作，旁有岳中丞龄题跋，云太仓州张祉祥所送，适秋帆夫子来署同观，系乾隆五十九年所题，此尤气节中之最难得者。至古玉愈出愈奇，黄琮大如枕，牙璋长如三尺之珽，旁及上边皆有锄牙，两面刻虎形四，虎口旁各刻人首一，此必取威武之义，四夷詟服，投畀豺虎，非得专征伐之诸侯不能有此特赐之节，断非寻常发兵之瑞玉，惜为伧父刻铭四句，以为悬磬，亦宝物之劫。幸刻文尚浅，将来拟磨去也。潍有铜印五百余，古鉥百数十，无一不精，价值千金亦不贵，得此一大宗，故近况益窘，吉金彝器竟不能得，扬州丁氏藏物，只可割爱矣。手此奉复，敬问起居。大澂顿首。七月初四日。

三

初六日接沪上来电，知从者抵申，《图考》已与广庵[③]商妥。扬得精品，计两三日内郝弁亦必到矣。历下人归携得二玉敦百乳，与陕出一敦相类，出土已久，盘工不少，价仅廿金，又得大黑琮尺二寸者，价卅五金，一圭有阳文刻花，色满红，惜乎刻"嘉庆鉴赏"圆印而倒其文耳。此颂台祺。近得倪文正[④]山水卷，似元人之至佳者，远胜石田[⑤]，可贵也，

---

① 戴文节：即戴熙（1801—1860），字醇士，号榆庵、松屏，浙江钱塘人，谥号文节。道光十二年（1832）壬辰科进士，历任翰林院侍讲学士、内阁学士、礼部侍郎等，擅长绘画。

② 岳武穆：即岳飞，"武穆"是其谥号。

③ 广庵：即吴承潞（1836—?），字广庵，浙江湖州人，同治四年（1865）进士，官至浙江布政使。

④ 倪文正：即倪元璐（1593—1644），字汝玉，一作玉汝，号鸿宝，浙江上虞人，历官至户、礼两部尚书。工书画，谥号文正。

⑤ 石田：即沈周（1427—1509），字启南，号石田等，今江苏苏州人。工诗善画，为"明四家"之一。

又得黄石斋[①]金笺竹石小幅。郢爰务乞留之。翰卿五兄世大人。弟大澂顿首。五月七日。

四

翰卿五兄世大人阁下：

前寄两缄，当邀鉴及。郑工[②]定期十七八日合龙，河势平稳，别无可虑，过年公事稍简，拟专心学书。吾吴碑帖铺如有山谷老人[③]墨刻，不拘法帖屏条，乞代觅数种为感。世间争尚苏、米，尊黄者绝少，故不易得。手泐，敬颂礼祺。弟大澂顿首。嘉平十四日。

五

戴文节双松暂质四十元，遣仆送上，单开各种亦可抵百元，其件暂存尊处，省得往来仆仆费顾，屏条暇时索一观可也。南皮相国[④]画纨扇二附上。翰卿五兄。弟制大澂再拜。百金一券，乞代易番饼[⑤]，即付百四十款。

---

① 黄石斋：黄道周（1585—1646），字幼玄，号石斋，福建漳浦人。明末著名书画家。

② 郑工：光绪十四年（1888），吴大澂在河道总督任上，督办郑州河工。

③ 山谷老人：黄庭坚（1045—1105），字鲁直，号山谷道人，晚号涪翁，今江西修水人。擅书法，为“宋四家”之一。

④ 南皮相国：张之万（1811—1897），字子青，号銮坡，直隶南皮人，张之洞族兄，谥号文达。道光二十七年（1847）丁未科进士，历任江苏巡抚、闽浙总督、兵部尚书等。光绪十年（1884），以吏部尚书入军机处，为军机大臣。此时张之万为协办大学士，故称南皮相国。

⑤ 番饼：即银元。一枚银元含银量在七钱左右，故百金，即百两银子约当于百四十的银元。

六

翰卿五兄世大人阁下：

黄小松①司马《嵩洛访碑图册》昨已临毕，乞转交屺怀太史②，并为道谢。弟之临本，祈代为付装，有细单一纸，属为细心装池，勿致错误。其签条宜染古色，亦裱于册首副页，册面亦用红本嵌锦，锦俟检出再送上。手泐，即颂台安。棘人③吴大澂稽颡。

七

翰卿五兄大人阁下：

碌碌久未作书，非懒也。古人谓其为人多暇日者，则出人不远矣。弟则劳形案牍，日无暇晷，金石文字，辄置高阁，或十日半月不触手，可知其才力之竭蹶也。前由舍侄寄到拓本四种，玉押似宋物，簋盖字非“笾”，当系女名，上一字似“姬”，首字不可识，鼎文亦佳，价不甚昂，乞代留之。手泐，敬颂侍福。弟大澂顿首。长至前一日，新得古玉鉥一。

---

① 黄小松：黄易（1744—1802），字大易，号小松，浙江仁和人。擅长篆刻、书画，为“西泠八家”之一，著有《小蓬莱阁金石文字》等。

② 屺怀太史：费念慈（1855—1905），字屺怀，一署峐怀，号西蠡，晚号艺风老人。江苏武进人。光绪十五年（1889）进士，会试后任馆阁职，授翰林院编修。下文费屺怀，芑怀太史俱指费念慈。

③ 棘人：居父母之丧时的自称。

八

翰卿五兄世大人阁下：

昨日接诵腊月望日手书，知前寄两缄均已达览。郑工蒇事，幸得免于罪戾，实皆群策群力之功，鄙人浪得虚名，益滋愧悚。今春公事稍闲，拟以余功补书《今文尚书》，吾兄必乐闻也。圣公大鼎今在何处？如物主索售，乞为留意。手复，敬候礼祺。弟大澂顿首。新正初九日。

九

去腊家兄寄示大玉鈢拓本，弟窃疑山左贾人之所为，因其文字薄弱，章法近于凑合，恐系旧玉改刻，惟近人用车床必先磨去一层，易于辨别，如系光面则可靠也。古玉老皮，一动手则迥然不同。两月以来，关中、历下、都门三路兼收并蓄，已觉力不能支，广庵欲为刻《古玉图考》，刻资已向龚仰翁[①]暂借，此间又为瞿木夫先生补刻《官印考》下半部，未完之书头绪纷如矣，佛工已来接刻瓦当，年内可成。忽又出潍县之五百余，即遂至竭蹶不遑。然小松之《嵩洛访碑》廿四开竟为费屺怀所得，鄙人自忖亦可知足矣。铜器大者力不能扛，小者得之亦无谓，以后可让与仲翁矣。

十

翰卿五兄世大人阁下：

---

① 龚仰翁：即龚照瑗（1836—1897），字仰蘧，安徽合肥人。官至光禄寺卿，曾任驻英国等公使。

初七日曾寄一书，谅已达览。郙弁于十二日回汴，弟于十三日由工还省，得读手书，代购书画、金玉精品如此之多，价值均廉，如登宝山满载而归，大费清神矣。垫款及前短之罗汉，望前即交票庄汇去，未知六月初十前能即汇到否？近以十五金得一金刚经纸，像宋纸，触手即烂，寄京重裱。款乃东坡在黄州时书，字则不类苏髯而似董文敏[①]，笔极细而劲气直达，款云"亡老都官忌辰，亲写此经交僧转看，以资冥福"，书全衔。前后似一笔所书，或一日写此全经，似坡老之变体，其楷书亦不可见，无从比对耳。亦奇物也。手复，即颂礼祺。弟大澂。五月廿四日。苏册若真，有四千九百余字，亦可贵矣，卷中戈脚无一不佳，似非它人所能。

十一

戴文节山水、真而精。黄忠端公[②]楷书、难得，近以十金得一忠端公竹石小幅金笺。文徵明兰竹、可爱。沈石田山水轴、致佳，已为豹帅[③]临一本矣。新罗[④]花鸟轴、精品。蓬心[⑤]山水、老苍之作，纸本新白。张桂岩[⑥]山

---

① 董文敏：即董其昌（1555—1636），字玄宰，号思白、香光居士。松江华亭人。官至南京礼部尚书，明代著名书画家，谥号文敏。

② 黄忠端公：即黄道周，本谥"忠烈"，乾隆改谥"忠端"。

③ 豹帅：即倪文蔚（1823—1890），字豹臣，或豹岑，安徽望江人。咸丰二年壬子（1852）恩科进士，庶吉士散馆后分部，被奏调参与镇压太平天国，开始在地方任职，官至广西、河南巡抚。他在河南巡抚任上，曾与吴大澂一起办理河工，因巡抚带兵部侍郎衔，故称豹帅。

④ 新罗：即华嵒（1682—1756），字德嵩，更字秋岳，号新罗山人等，福建上杭人。清代扬州画派的代表人物之一。

⑤ 蓬心：即王宸（1720—1797），字子凝，又作紫凝、子冰，号蓬心，江苏太仓人。王原祁曾孙，擅山水。

⑥ 张桂岩：即张赐宁（1743—1818），字坤一，号桂岩，河北沧州人。清代画家。

水、别格，亦可爱玩。王椒畦[1]山水、其粗笔大圈树叶向不甚喜，此幅尚秀雅。大璧、二，均佳。文带、二，皆好。中璧、好。圭、好。干黄拱璧、最古，色泽亦浓厚。虎面琮、光采难得，功夫不小矣，刘毅吉[2]叹赏不置。白璧、价廉。决拾、的确三代物。白玉璜、精而廉。尊、阳文，向释饮字，精而廉，释尊亦可。律管雷签红圈、精品。钩竟石章、程穆倩，的真价廉。方觚、的系三代物，连白玉钩廿三两，廉极。解结干青圈、小琮，琮真而廉。李楳生[3]蝉柳、极似新罗。王小楳[4]、行看立轴，均佳。戴文节对、难得。王虚舟[5]对、出色作。陈曼生[6]对。极平正。

十　二

翰卿仁兄世大人阁下：

两接来电，欣悉台从惠然肯来，携有吉金书画，不胜盼企。敝眷沿途诸承照料，极为心感。顷接电报，知初三抵清江，想因水浅不能迅速，兹派戈什前往迎候。手泐，即颂旅祺。弟大澂顿首。初五日。前有复电至镇江，云船已开行。

---

① 王椒畦：即王学浩（1754—1832），字孟养，号椒畦，江苏昆山人。乾隆五十一年（1786）举人。清代画家，尤擅山水。

② 刘毅吉：刘鼒（1848—1898），字毅吉，湖南湘乡人，官至山西按察使。

③ 李楳生：李育（1843—？），字梅生，江苏扬州人。清代画家，擅花鸟。

④ 王小楳：即王素（1794—1877），字小梅，号竹里主人，江苏扬州人。晚清扬州画派的知名画家。

⑤ 王虚舟：即王澍（1668—1743），字若林，号虚舟，江苏金坛人。以善书名世。

⑥ 陈曼生：即陈鸿寿（1768—1822），字子恭，号曼生等，钱塘（今浙江杭州）人。清代著名篆刻家。

十　三

翰卿五兄世大人阁下：

前沕一缄，奉唁孝思，谅早达览。兹托票庄汇去银二百六十两，即乞察收。新得二鼎、一敦、一簋、一方鬲、四足皆作兽形，下层有门二扇，较方鼎略小。一觶，又尚方故治一器，拓寄鉴赏。手沕，敬颂礼祺。弟大澂顿首。

十　四

翰卿五兄大人阁下：

所示中龚父甗，弟细审"父"字、"甗"字两波折，窃疑其后刻，乞执事再为审定。仲复阁学所得两剑，文确系伪刻，似与此相仿也。敝藏尚无甗，亦不肯轻弃之，但真赝良不易辨耳。周鉥匣盖八字，求铁笔一镌，至感至感。手复，敬请侍安。弟大澂顿首。正月廿二日。

十　五

翰卿五兄世大人阁下：

中秋接奉手书，承寄卷册、折扇、玉印、金鍰一箱，轴一包，发缄伸纸，笑与抃会，当先电覆数字，计已达览。杨龙友[①]精卷装成后，未知能交郝学智带来否？都中吉金价值日增，然亦只有郑盦司空一人闹哄，此外亦无肯出重价者。鄙人力有不逮，即价廉亦不暇及，所示一

---

① 杨龙友：即杨文骢（1596—1646），字龙友，贵州人。万历四十七年（1619）举人，后任青田、江宁、永嘉等地知县。善山水。

鼎一尊只可割爱矣。寻常铜器在十字左右者，百金内外尚易出脱，若出重价收之，恐其受累。山左又出唐墓志石，大如文安县主者三方，不能不留也。手复，即颂起居不庄。弟大澂顿首。八月廿五日。

十 六

唐六如[①]茅亭桂月、精。戴文节仿石谷山水、精。潘王合璧、精。改七芗[②]佛像、精。汤贞愍[③]题无款画、原题毒来慈受，印文与画无涉，此两合也，画亦不俗。奚铁生[④]画、画亦不劣，特非铁生手笔耳，隶书款伪作，别字太多，断非误书，定甫必知之。曼生行书、佳。鸡骨白大方尊、秦中亦得一器与此无异，精极，真古。青玉觚、刀工似宋。秋葵玉觯、古雅。白玉觯、工雅似宋。白玉匜、宋。郢爰、难得之品。红白小璧、精。解结、精。玉汉印、至精。白玉印、色白制工。苍璧、古。红璊、古。剑鼻、色白制精，前遗失者已招得。刀珌、制精，非剑鼻，疑是刀下饰。鸠佩、色泽古。圭、古，新得一圭与此正同。龙璧、宋做。白玉钩、汉。秋葵钩、工。笛头、古朴。秋葵笛头、佳。珈珈冕旒珠珠四圈鸳鸯、并佳。王蓬心山水卷、佳。方兰士[⑤]

---

① 唐六如：即唐寅（1470—1523），字伯虎，又字子畏，号六如居士等，江苏吴县人。明代著名画家，“明四家”之一。

② 改七芗：即改琦（1773—1828），字伯韫，号香白，又号七芗等。松江（今上海市）人。清代画家。

③ 汤贞愍：即汤贻汾（1778—1853），字若仪，号雨生、琴隐道人，江苏武进人。官至浙江乐清协副将。工诗，善画山水、松梅。

④ 奚铁生：即奚冈（1746—1803），字铁生，号萝龛等，原籍安徽歙县，寓浙江杭州。清代篆刻家、书画家。

⑤ 方兰士：即方薰（1736—1799），字兰士，一字懒儒，号兰坻等，浙江桐乡人。诗、书、画并妙。

山水卷、精。宋元无款册、有数页是宋元，余俱明人。王员照[①]册二页、精极。陶锥庵山水册、精。倪小圃花果册、精。顾西楳[②]仕女小幅、新，不如今春所得之一幅。旧扇六把、刘彦冲最精，张研樵[③]仿粗文亦佳。伊墨卿[④]对、佳。汤贞愍飞白对、款至真。高南阜[⑤]诗对、别致。刘文清[⑥]对。不真，真者字体活动有神韵，伪者用笔板滞，易于辨别。

十　七

翰卿五兄世大人阁下：

前接来电，知阮铸散盘已承购定，移置义庄，至为心感。腊八日，文伯交来九月二十日手书，承寄玉押，因借《癸辛杂识》查阅，翻版恶劣不堪，宋孝宗一行有墨钉，数条未刻，惟太祖御押，正与敝藏字白玉押相符。此押已编入《古玉图考》，亦属至宝矣。芑怀太史处如有旧板《癸辛杂识》，乞将宋十五帝御押一段抄示为感。手复，敬颂岁祺。弟大澂顿首。盘价押值百四十四金，已属松生电汇矣。腊月既望。

关中友人寄到古玉百数十种，内有白玉律管，微带黄晕。长一尺

---

① 王员照：即王鉴（1598—1677），字元照，一字圆照，号湘碧，又号香庵主，江苏太仓人。明末清初画家，"四王"之一。

② 顾西楳：即顾洛（1763—约1837），字西梅，号禹门，浙江杭州人。清代画家，擅人物、山水。

③ 张研樵：即张培敦（1772—1846），字研樵、砚樵，江苏吴县人。清代画家，擅山水。

④ 伊墨卿：即伊秉绶（1754—1815），字祖似，号墨卿，福建宁化县人。乾隆五十四（1789）进士。清代著名书法家，尤以隶书名世。

⑤ 高南阜：即高凤翰（1683—1749），字西园，号南村，又号南阜、云阜，山东胶州人。清代书画家、篆刻家。

⑥ 刘文清：即刘墉（1719—1804），字崇如，号石庵，山东诸城人。乾隆十六年（1751）进士，官至体仁阁大学士，谥文清。清代政治家、书法家。

二寸，适与搢圭、驵琮、宏璧相符，豪氂不爽，因取黑秬黍谷子实之，即高粱。适容千二百黍，遍考《汉书·律历志》《周礼》郑注皆云“黄钟九寸”，乃知班、郑实沿刘歆之误，与古乐不合也。九寸之管，围九分径三分，实不能容千二百黍，非得此玉管，不知其误。

十 八

翰卿五兄世大人阁下：

前由念劬处寄来散氏盘石印本，竟与原拓无异，墨色稍淡，字口丝毫不爽。因思尊处所藏原拓最精，何不寄与念劬，属其石印一百纸，墨色不宜太浓，其价由敝处代付，以五十张奉赠。此等石印本，竟可乱真也。如非阁下自藏之本，或已售于他处，亦可借来一照。专差至沪，三四日即可带回，或有曶鼎精拓本，照此办法，便成千百化身。弟所藏拓本，粘成十数册，逐一考释，手书隶楷。隶书标题，楷书释文。夏秋之间，可付石印，为三代古文传灯之法，亦金文一巨观也。三倍于积古斋款识。清明抵珲春后，俄员未来，长日清闲，每日考释二三器。手泐，敬颂台祺。弟大澂顿首。三月既望。尊公子晋先生前请安。

十 九

翰卿五兄世大人阁下：

初七日接诵手书，十九日子静来汴，带到惠扇，感谢感谢。郝弁尚未到，不知何以迟迟，恐其由水路携眷而来，不免耽搁耳。玉圜玉璧，即乞代付六十金。前次电汇之款，计早收到，此款有便再行汇还。秦中古玉价最俭，大药铲不过十余金，南中索值过昂，以后毋须问津，精品至宝，所得诚不少矣。承示翁大司农所题拙画，留此一稿，它日即请其补书于沈卷之后，亦一韵事。叔盖[1]隶书甚雅，指航画亦佳，来书以为六舟和尚，六舟名达受，岂原名悟文耶？便中示及之，元押拓附一览。下押与它姓押不同。

二　十

翰卿五兄世大人阁下：

前函尚未封发，适郝学智于廿三日申刻到汴，展诵八月初五日手书，并大璧、玉圜、倪册、任轴，至感至感。玉圜至精，有目共赏。拱璧白玉者少，亦非常品，在苏扬六十金，其价廉甚。墨畊倪君[2]画理甚深，小某先生之高足，似乎青出于蓝，可与陆廉夫[3]并驾齐驱，阜长[4]不能专美于前矣。渭长[5]《四红图》亦难得之品，为敝箧中所无。今秋得潍县鉥印九百四十余纽，然欲续打印谱，甚不易也。手复，敬请台安。弟大澂顿首。属书楹联及廉生书联，统交胜之带上。九月廿五日。

二　一

廿四日续奉重阳手复，如接谭笑。杨龙友精卷，廉夫画册，极深

---

① 叔盖：即钱松（1818—1860），字叔盖，号耐青、铁庐等，浙江杭州人。清代篆刻家、书画家。

② 墨畊倪君：倪田（1855—1919 ），字墨畊，号墨道人、墨翁，又号璧月盦主，江苏江都人。清代画家。

③ 陆廉夫：即陆恢（1851—1920），字廉夫，江苏苏州人。入吴大澂幕府。善山水、花卉。

④ 阜长：即任薰（1835—1893），字阜长、舜琴，浙江萧山人，任熊之弟，著名画家，与任熊、任伯年、任颐并称“四任”。

⑤ 渭长：即任熊（1823—1857），字渭长，一字湘浦，号不舍，浙江萧山人。清末海上画派代表人物之一。

盼望。弟亦得龙友立轴，浑厚如明初人，并得李流芳①轴，大小相等，又得金鉢，重九钱半，价不及廿金，其非伪作可知，据潍估云，仅费十金，成色与郢爰同。又得虎牙将军银印、龟钮，制作甚精，将军银印，尚未之见。近日将《史姓韵编》细查一过，自两汉至隋有名人印共得一百三十八钮，拟刻板，另印一册，张苍、纪信、公孙贺、李广、赵充国、公孙弘、王阳、王成，其最著名也。再请台安。大澂又顿首。唐石三方，已由潍县径送烟台，托杏孙转运上海，存沈子梅处。

潍县裴估又为代购隋碑一通，二十二行，每行三十二字，稍有残缺数十字，议定一百五十金，送至烟台，如此大碑由齐鲁搬至吴中，大有愚公移山之意，然吴郡金石以后颇有可观矣。

二二

翰卿五兄世大人阁下：

初六日得七月十七日手书，承示书画、古玉、汉金玉印等件，已由蔚盛长交镖局带来，计中秋前可到。并承惠寄明太祖像，得利二铜印，感甚感甚。秦中杨实斋代购古玉数十件，闻有玉爵。因秋雨泥泞，驿路车不能行，迟迟尚未寄到也。《嵩洛访碑图》为屺怀得去，竟不获一见，因拟自画《访碑图》三十二页，每页后附书考据一页，共成六十四页，可装四册，内分直隶、山东、吉林为一册，以太学观石鼓为弟一页，岱庙观秦刻石为弟二页。陕、甘十六页分为二册，加考据十六页，为三十二页矣。龙门、伊阙、洛阳及粤中各碑八页为一册。吴中绝少金石，以焦山瘗鹤铭、虎邱经幢附于此册之后。日画一开，现已成七幅，重阳前计可告竣，他日流传海内，欲与小松司马相抗衡也，一笑。手泐，敬颂礼祺。弟大澂顿首。八月初八日。岱庙、孔庙、华岳

① 李流芳：李流芳(1575—1629)，字长蘅，一字茂宰，号檀园等，安徽歙县人。明代诗人、书画家。

庙，规模甚大，不易着手。

戴文节山水，以后更不易得，岂肯送人耶？阮氏仿铸散氏盘，乞为留之，交家兄置之义庄，弟临散盘屏幅六条，已付石刻，须十月内刻竣也。大篆以散盘为弟一。鄙人所临大篆，亦以散盘为最，当在郑文宝峄山碑之上。

二　三

翰卿五兄世大人阁下：

前复一缄，计邀鉴及。前承代购之戴文节山水轴、唐六如精品及陶锥庵、倪小圃画册、刘彦冲画扇乞寄上海，交广盦观察处，俟郝学智到沪即可带回。有病故画图委员灵柩，派郝弁送至上海，约八月初五后可到。因该弁尚有石印《古玉图考》一箱，少则尚可携带画轴，多则恐不易带耳。古玉尊一件，亦可属带，其余留在南中，不必急急取来也。兹有谕郝学智一字，或由尊处专人送沪，似尚近便。手泐，即颂秋祺。弟大澂顿首。七月十六日。扬州之铜器虽多精品，今年力有不逮，只可割爱矣。

二　四

手示诵悉，即如尊议定价，缓三四日再行奉上，印泥需用四两，乞代购为感。翰卿五兄世大人。弟大澂顿首。《说文古籀补》一部、篆文《论语》一部，藉呈台览。新正五日。

二　五

《怡园藏印》前年曾惠拓本一册，未识此次所商与前册符合否？乞借印本一阅，再行议值何如？手泐，敬颂翰卿五兄世大人侍安。弟大澂顿首。丁亥人日。

二　六

前日所示谱内各印，细加批阅，精者可选四十余方。军司马、部曲将等及蛮夷诸印，皆习见之品，鄙人愿以四百金得之，再多则力有不逮，非斤斤较量也。王童玉印曾一见之，如可议值，乞代询示价为感。印存原册奉缴，乞察收。手泐，即请台安。翰卿五兄世大人。弟大澂顿首。先立春一日。

二　七

昨午前归，贱恙已愈，敬之五联已为书就，惟翁世兄长联尚未书耳。汤贞愍屏展八幅，晚年之作，画梅已近颓唐。窃以为书佳于画，老名士真不可及，不徒以气节传也，六十元可得，拟即留之。金押并扇领到。翰卿五兄执事。弟制大澂再拜。

二　八

昨日敬之来晤，知有六尺匹东笺三幅见赠，真难得之佳纸也。小宋[1]兄所惠景宋本灸方两册甚精，玩件四种并皆佳妙，乞先道谕敬修、锡蕃，两扇面先缴，尚有清如一扇，两日内亦必送去。今日本拟至观音山扫墓，为风雨所阻，明日如不赴乡，必奉访也。翰卿五兄世大人。弟制大澂再拜。二月初六日。

---

① 小宋：即何璟（1818—1888），字伯玉，号小宋，广东中山人。道光二十七年（1847）进士，官至闽浙总督。

近代史所藏吴大澂信札

致喜桂亭[1]参赞书 三月廿九日

前复公函，计邀鉴及。昨奉大咨，反复展诵，不胜惶恐之至。各营所招民勇本不宜多，骁健之徒安得人人循规蹈矩，全在各统领督率营哨各官，严加约束，勤于操练，不令沾染洋烟、赌博、游荡之习，所谓“劳则思，思则善心生，逸则淫，淫则忘善，忘善则恶心生”[2]。尊意通饬各营严禁恶习，并令于招勇补额时详慎挑选，实与鄙见不谋而合，钦佩莫名。至所论湘、淮各勇，措词未免稍刻，寻常泛论则可，若形诸公牍，恐各军弁勇以为主帅有畛域之分，互相讥诮，彼此未能融洽。弟固深知老哥以直道待人，并无他意也。湘、淮各军旧制，胡、曾创之于前，左、李继之于后。从前平定发捻，南至闽、粤，西及陇、蜀，不独鄂、皖、江、浙、燕、齐、晋、豫所在有湘淮诸将之功，即今日之畿东海防、新疆边事均系艰巨之任。左、李两相为国藩辅，实天下所仰望，左相之所恃者湘军，李相之所恃者淮军，他省练军尚欠得力之将，此湘、淮各军之所以不能尽撤，朝廷具有深意，非为防哥老会而设也。哥老会匪，湘勇有之，淮军中尚无此弊。去年四月间，弟在津门与合肥相国商调戴孝侯来吉，属令精选弁勇，不准有一吸食洋烟之人。沿途约束，均尚严整，若有滋扰地方情事，即能掩主帅之听闻，不能瞒道涂之耳目。弟于各路查阅之时，所过旅店密加询问，于各营之优绌，颇知其详。弁勇之安分不安分，营哨之吸烟不吸烟，旅店主人了如指掌。此关内带来之老勇，不至流为胡匪为害地方，弟之所堪自信也。以后

---

① 喜桂亭：喜昌（？—1891），字桂亭，满洲镶白旗人。早年参与镇压捻军，获得军功，任西宁办事大臣，此后长期处理边境事务，历任乌里雅苏台参赞大臣、库伦掌印办事大臣等。喜昌重视家乡吉林的防务，尤其在沙俄军事威胁的情况下，多次上书讨论吉林练兵问题。

② 此句出自《国语·鲁语下》。

各营因西丹不易挑选，去其老弱无用及吸食洋烟之人，竟至不能足额。鼎帅之意，拟令各营多招民勇，抽换兵丹，此间各城本属地广人稀，有产有业之民，岂肯充当营勇？一军招至数百人，难保无游匪泯杂其间，老哥为久远之图，不能不虑及将来流弊，慎重周详，自当谨之于始。鄙意拟令各营勿再广招民勇，如有逃走缺额，仍以兵丹陆续充补，多一有用之兵丹，即多一地方之捍卫。惟各旗子弟或未能习勤耐苦，不受范围，督责稍严，纷纷逃去，亦意中之事，譬如子弟从师入学，必嫌拘束之苦而出入游嬉，每思逃学。父母之爱其子弟者，只望子弟之有所成就，不责先生之教督过严，相习既久，则师徒一气，自有情谊相联，向来子弟之不能勤学，往往误于姑息之爱。惟愿老哥以教子弟之法，教各营之兵丹，使之练习勤苦，操演技艺，日进月益，悉成劲旅，勿令各存意见，自相诋毁，此弟之所日夕祷祝，而不敢存袒护之私也。弟与孝侯、俊卿[①]往来书札，辄谆谆劝谕，以体恤兵勇为最要，营哨各官有宽严失当之处，务须随时体察，剀切告诫。区区愚悃，亦当在洞鉴之中。素蒙不弃，相爱至深，用敢直抒己见，缕晰以闻，惟恕其谬妄而教训之，幸甚幸甚。

致铭鼎臣将军书

鼎臣年伯大人节前：昨日略陈鄙见，窃恐长者疑侄有畛域之见，不得不一畅其说，上陈尊听，祈俯赐采择而曲谅之。从来军事以用人、筹饷两者为大宗，一军不宜有二帅，总以事权归一、号令不纷为贵。去年创立防军，事事禀命而行，即有所见，必婉陈于左右，非侄之谦让也。参赞之责，自有分际，殚精竭虑，尽其款款之愚忱，不过为长者效奔走之劳，资指臂之助而已。乃朝廷不以为驽劣而重其责成，并

---

① 俊卿：刘超佩，生卒年月不详，安徽合肥人。以副将随吴大澂、戴宗骞在吉林任事，后调山东驻防，甲午战争中守威海卫南帮炮台不力，被清廷拿问。

各军而统归节制，实非不材之所能任。若具疏力辞，又恐蹈推诿之咎，未必仰邀俞允。侄所以再四踌躇，不能不引为己任，以仰慰宸廑也。至饷项一节，应请饬部分拨专饷以清界限。敝部各军，由侄处领饷报销，均归一律办理，如何领拨及收支款目，仍随时咨明冰案，以备稽核。其平余一款，留为公用，遇有地方应办之事，不能开支正款之费，皆可以此挹注。侄所支公费，每月二百金，以后恐不敷用，现拟附片奏请月增若干，援照刘毅斋京卿[①]署理钦差大臣之例略为核减，想无不可也。

上合肥相国书

敬启者，初六日肃复寸缄，计已仰邀慈鉴，敬维钧节旋津，勋躬万福。两圣[②]起居想已康复，近阅邸钞，似召见外廷尚未照常，日理万几，自宜节慎。抚屏观察[③]当尚在京调护，慈躬必可日臻豫顺也。大澂于十五日奉到廷旨，有督办宁古塔等处事宜之命，责成较重，报称綦难，夙夜图维，悚惶倍切。此间应办事宜，头绪甚繁，人才甚乏，第一要义在划清界限，以后不致掣肘。鼎帅以全省防务义不容辞，仍有两人会办之说，大澂不能不据实自陈，告以一军不宜有二帅，用人发饷，购运军火，皆大澂之专责，随时咨明将军备案。遇有陈奏事件，于折内会衔，仿他省督抚之例。若事事联衔，仍与帮办无异，非朝廷本意也。桂亭部署行军，颇非易易，勾稽出纳，皆出一手，从事者皆不得

---

① 刘毅斋京卿：即刘锦棠(1844—1894)，字毅斋，湖南湘乡人。父、叔皆湘军将领，刘锦棠随其叔刘松山参与镇压太平天国、捻军，后渐能独当一面，随左宗棠赴西北镇压回民，后赴新疆，并在新疆建省后，出任第一任新疆巡抚。刘锦棠在光绪四年补太常寺卿，故称之为京卿。

② 两圣：时人分别称慈安太后、慈禧太后为东圣、西圣，故有“两圣”之说。

③ 抚屏观察：薛福辰(1832—1889)，字抚屏，江苏无锡人。光绪六年，由李鸿章、李瀚章举荐入宫，为慈禧治病。

而知，正款、杂款均无定章。现在未发之饷，留省尚有十余万，大约须五月底截止，六月初旬大澂始可接手，但将饷项截清，各归各款，其如何报销，部中自有限制，大澂可不与闻。靖边中、左、右统领三员，德远庵[1]、依尧山[2]两都护均尚明白营务，与大澂本极融洽，惟协领常福[3]不甚知其底细，如一并留吉，暂不更易，统俟接办后，随时体察，陆续调换。旗员中亦有可用之将才，大澂不设成见，惟有舍短从长，督饬操练，总令仿照淮军一律办理，三五年后必有成效可睹。孝侯以旗员、旗兵为不可用，亦未平允，鄙意桂亭所练各军不复调用汉将，亦就地取材之意也。三姓应筑炮台，松花江应造舢板三四十号，皆须援照吾师所定规模次第兴举，并须咨调熟手以资差委，当与孝侯详细核议，再行布闻。创立机厂，自制洋药、铜帽、水雷，此必不可少之举。然非得人不能举办，借箸而筹，不得不求助于吾师，请在津、沪各局中派拨数人，为指臂之助，俟议有端绪，再行疏请饬部拨款。大澂不敢铺张糜费，而应办之要务亦不宜因循搁置也。沈游击廷栋[4]，大澂极器重之，昨备文咨达冰案，未识肯来吃苦否？手肃，敬叩勋福。

---

① 德远庵：疑即德平阿，生卒年不详，蒙古镶红旗人。早年参与镇压太平天国，获军功，后回吉林，任拉林协领，光绪初，历任阿勒楚喀副都统、伯都讷副都统、宁古塔副都统，光绪八年，被吴大澂弹劾。都护，即都统、副都统之雅称。

② 依尧山：即依克唐阿（1838—1899），满洲镶黄旗人，谥号诚勇。早年参与镇压捻军等，后历任珲春副都统、黑龙江将军、盛京将军等。甲午战争中，主要率马队与日军作战。光绪初，依克唐阿帮助吴大澂处理吉林垦务和对俄交涉事宜。此后，尧山、依都护等皆指依克唐阿。

③ 常福：生平不详，曾任乌拉协领，统领兵丁、西丹。

④ 沈游击廷栋：沈廷栋，生平不详，但知其在李鸿章手下任事，曾督造肃州至哈密电线，参与华盛纺织厂管理。吴大澂此信向李鸿章讨要沈廷栋，因沈不愿远行，未果。

上合肥相国书

敬启者，四月初六日肃复一函，二十日续上一书，计已先后仰邀慈鉴。桂亭来书，拟于月内启程进省，大约端节后即可交待一切。〇〇[①]在省略须部署，未能遽赴宁古塔。此间创立机厂，须调熟悉机务之员，如王小云观察[②]之稳练精详，大澂素所仰慕，知尊处最为得力之人，岂敢妄思借寇。惟创办之始，事事都无头绪，窃拟暂调小云观察来吉略为布置，应度地基、应盖房屋、应购机器、应用委员、应调工匠，均须与小云观察详细讨论，方可得其要领。俟其到吉作平原十日之留，即可旋津，计往返不过两月，酌留一二熟手在此经理其零星杂务，大澂亦可派妥实可靠之员随同学习，规模略具，他日亦可徐图扩充，非吾师主持其事，不能为吉林开此风气也。所需经费拟每年添请五六万金，当蒙俞允，如有不敷，现拨防饷内尚可腾出一二万金以资挹注。大澂膺兹重任，不敢畏难苟安，或有思虑未周之处，敬祈吾师随时训示，俾无陨越之虞，是所叩祷。珲春招垦，已与鼎帅会衔奏派秋亭专司其事，三姓已檄汪子仁[③]前往放荒，吉省候补人员仅存一二人，此外皆有要差，无可调也。手肃，敬叩钧祺。四月廿四日。

敬再启者，各军添购洋枪，拟将来一律改用后门，马枪专用哈啫士得，步枪专用美国之哈吃开斯。惟闻哈吃开斯与英国所造亨利马

---

① 〇〇：此处即“大澂”之省。下文尚有数处，为阅读方便，均已补全，不再出注。

② 王小云观察：即王德均，字筱云，安徽怀远人。早年在江南制造局帮助傅兰雅、金楷理等人翻译西学书籍，后以候补道员调任天津制造局任总办。吴大澂因办吉林机器局，向李鸿章要人，并多次上奏请调，但没有得到允许，王德均仅仅在天津代筹而已。

③ 汪子仁：不详，疑为汪士仁。

梯呢[1]，均系四手发火，未知二种有无优绌，祈属小云观察细心一校。以后购定马、步枪各一种，即拟专造此二种铜帽。前门旧枪，可用可不用，或专以前门操演阵法，以后门练打准头。即核计用饷不敷，与其兵多而器不精，不如减兵腾饷，添购利器，如得劲旅五千，可抵常兵一万，否则日久仍须改用后门，所造铜帽之机器，又将另起炉灶。若创局之始即讲求精利之器，自可一劳永逸，为他日省费也。窃论造枪不过三利，以及远为贵，以发火灵捷为贵，以准头不失分寸为贵。今各国所造之后门用螺丝膛子，后松前紧，子药力猛，足以及远，一利也；四手发火，二利也；星斗分毫不爽，三利也。三者已造乎其极，以后即改换式样，不能出此范围。质诸钧意，以为然否？大澂谨又启。

致铭将军书

鼎臣年伯大人节前：今晨蒙顾，拜读疏稿，极深钦佩。惟侄细思，目前裁兵颇有为难之处，不能不直陈于长者之前。窃计巩、卫、绥、安四军[2]，原练五千人，加以桂翁[3]续练之五千，防军共有万人，除库伦拨去一千，尚有九千，若须裁去二千，觉布置殊非易易。尧山、远庵二军未便更动，即须裁撤常福一军，三姓之二千，本不甚多，势难再减，刘俊卿之三营，只有一千二百五十人，该军操演尚属认真，去之可惜，秉公而论，总宜以得力不得力为去留之分较。各军之优绌，卫军操法远不如绥、巩二军，由其师承之各异，本未能讲求实际也。现在侄甫

---

① 亨利马梯呢：即亨利马梯尼枪，亨利为发明枪膛线者，马梯尼为发明后膛倒键者，两者结合，故称为亨利马梯尼枪。

② 巩、卫、绥、安四军：即吴大澂在吉林统辖编练的军队。巩军马步三营，由刘超佩指挥，卫军马步四营，由郭长云指挥，绥军马步五营，由戴宗骞指挥，安字马队一营，营官为富贵。

③ 桂翁：即喜昌，喜桂亭。

经接办之时，应去应留之将，究无把握，尚须察看数月，方能得其平允，一经交接即纷纷改易，殊非慎重之道。多汰旗兵，心窃有所未安，若裁去得力之将而敷衍迁就，军事恐难起色。是以裁兵之议，出诸长者之意则可，在侄似未便会衔，即奉廷旨，亦须于两三月后分别去留，较为允当。鄙意或俟桂翁来省会同商议，再行疏闻，未知尊意以为然否？盖巩、卫、绥、安四军，侄已审知其底蕴，而靖边中、左、右三军，则茫然不知，实未敢轻议更张，亦非虑桂翁之见怪而有所瞻徇也。事关防务久远之图，不得不熟思审处，惟长者鉴其苦衷而垂察焉，幸甚幸甚。手肃，敬叩勋祺。四月廿六日。

上合肥相国书 五月二十一日

敬启者，端午肃复寸缄，计已仰邀慈鉴。秋亭前往奉吉交界地方查勘界址，就近访得铁矿二处、铅矿一处，采呈矿样，均在浮面凿取，尚未深挖。矿洞山之铁成色最佳，约可炼出五六成，交河铁样稍次，栗子沟铅样略试，镕化竟有六七成。此外尚有铁矿数处，亦已派人前往确查，此中必有银矿，大可广开利源，弃之不问，未免可惜。因拟奏请创设机厂，兼筑炮台，皆边防当务之急。所需经费，多请恐仍无益，仅以每年十万金为率，或可上邀俞允。如政府不以为好事，当不令其无米为炊。至用人、购器一切规模，须与筱云观察面商布置，方有把握，尚求吾师掖之一臂，俾克有成，无任翘企待命之至。近日鼎帅颇以鄙见为然，无复异议。手肃，敬叩勋祺。

致戴孝侯书

再鄙人每论将才，总以能得士心而不失之长厚者为上，熟谙操练能耐劳苦者次之，性情豪爽不矜小节者又次之，庸懦巧滑偷惰皆不可用，此其大概也。治军之要，在号令严明，信赏必罚，乃古今不易之理。鄙人所愿与诸将共勉者约有三要：营中缺额随时补足，不令久旷，一也；发粮发饷稽查严密，不令经手人含糊侵扣，此体恤兵勇之本，所以能得志者在此，二也；吸食洋烟之禁，委员中即不能免而营哨兵勇须一律严禁，三也。守此三者，坚持定力，不稍通融，斯为鄙人腹心之助。将士协力，如父兄子弟，甘苦与同，一洗营中敷衍粉饰之习，庶几缓急可恃，不致日久弊生。否则岁糜数十万而军事不振，营哨各官无以对鄙人，即鄙人无以仰对朝廷，怀惭清夜，寝食不能自安。区区寸心，尚望执事与各弁员剀切言之。绥字五营，实为他军所效法，如执事公忠体国，才学识力十倍于鄙人，一切经营整顿之方，鄙人不复顾虑，拟即奏派北路翼长，三姓江防专以任之执事。他日功成名立，知执事必为中兴柱石之臣，幸鄙人得附骥尾，如李太白之识郭汾阳，亦可不负此生矣。相隔千五百里，书此以当晤谭，惟公知我，故不觉其言之赘也。再颂勋祺。

致戴孝侯书

廿三、初三先后复书，谅均鉴及。筱舫[①]与富森堂[②]甚相得，昨已札委会办军械转运事宜，将来购存军械以省局为重，支应粮饷以行营为重。咨调各员均无消息，只得从容筹布，六月内尚难出省。机厂之设，创始为难，亦须亲自区画。来书谓不甚得用之器，不可误购，鄙人亦谓不甚得用之人，亦不可滥用。然求才之难，难于求器，又不能不

---

① 筱舫：不详，但知其姓宋，在吉林机器局任职，疑为机器局总办宋春鳌之亲戚。

② 富森堂：富尔丹（1826—?），字森堂，吉林满洲正红旗人。富尔丹长期在吉林，因剿匪等军功，升迁至副都统，光绪十七年在宁古塔副都统任上主持编修《宁古塔地方乡土志》。

少宽其途。旗员中将才，细心体察，以双如山[①]为第一，久在关陇，与湘军共事有年，见闻所及，气宇亦自不同。鄙人爱不忍舍，因于鼎帅处力请得之，几至龃龉，颇有拔赵帜立汉帜之意。现已札委营务处，并令挑选亲兵步队一营、马队一哨，适德远庵处有遣散猎夫五百名，此项人本未归营训练。即以此数改作敝部亲军，可不增饷。兹属如山前赴五常堡、双城堡、拉林三处挑兵足额，大约八成兵丹，二成民勇，帕首裹足，悉照勇营。如山极羡俊卿挑勇之精，操法之善，其志趣可知。三姓西丹本少，又多稚弱，他处尚有精壮可挑，如尊处尚须补招若干，可属如山挑送，可用不可用，仍可自酌。鄙意本土之人恋家，易萌逃志，离乡稍远，出营则无所依归，又有追亡之虑，或可坚其心志，未知尊意以为然否？如山仰慕雄风，愿聆教益，拟属就近赴姓一观贵军炮哨，并求执事借拨教师数人。鄙人亦拟于亲兵营内练一炮哨，或补购格林炮[②]四尊，神机营有随炮旗兵四名。或另购克鹿卜八尊，以成一队。如山到姓时，望为指示一切，事同一家，无分畛域，想执事亦至关切也。桂亭在津购到马枪，七响后门，赠我十杆，似不甚灵便，湘军向多用此，想淮军亦必有之。薪如[③]所赠哈吃开斯留下二杆，见者无不叹羡。现拟订购千杆，未知年内能到否。六月初六日。

复王筱云观察书 六月二十日

六月十九日奉到惠缄，并承寄示机厂图稿及购器储料建厂各事

---

① 双如山：双寿（1832—?），字如山，吉林蒙古镶红旗人。早年出省参与镇压太平天国等军事行动，足迹遍布华北、华东、西北各省，获铿僧巴图鲁称号，后遣撤回旗，光绪十五年以都统衔为科布多参赞大臣。

② 格林炮：即加特林机枪，由美国人加特林于1862年发明。

③ 薪如：周盛传（1833—1885），字薪如，安徽合肥人，谥号武壮。淮军成立之初，即追随李鸿章，参与镇压太平天国、捻军、回民起事，历任天津镇总兵、湖南提督等。周盛传与吴大澂在枪械方面多有交流，惺惺相惜。

宜清折一扣[①]，规画井井，详审精密。读致筱舫一函，并悉一是，所虑各层均应逐事妥筹，免致掣肘，实心任事之怀见于楮墨，敬佩莫名。台旌未能来吉，亦不敢强邀，谨将应办应商各节条列于后。一所筹经费，已蒙俞允，岁拨十万，拟以七八万金为机厂之需，以二三万金兼顾炮台。因三姓地气极寒，四月至八月尚可兴作土工，夏令雨多，仍须停顿，约计每年做工不过四个月，炮台之费只须逐年匀拨，无庸筹备巨款，故原奏有先尽机厂之议。尊论所谓"原始要终，尤视乎经费若干，以定局面大小"，洵属创始弟一要义，鄙意建厂之费以购器为大宗，总可以六万金专备购造机器之用。一购器宜分缓急，折内所开各种小手器及零星物件，钢、铜、铁各种料物均应购办，至碾铜片全副机器亦不可少。此间装货大车，每车八套者，可装四千斤及三千五百斤不等，惟须隆冬冰雪，道路平坦，方可畅行，春三月间，泥冻初融，五六月后，途多积潦，节节阻水，即轻车亦难迅达，故代购之器能于十月前运至营口者，冬春之交即可转运到吉。如外洋机器，断非三五月所能办到，即须俟明年冬间再运，不妨稍迟订购。且今冬转运数次，即可访知道路之难易，装车之轻重，究竟四千余斤之器能否转搬，实在考究一番，意中便有把握。即拟定购重大之机器，似可于明春再行定局，约至封河前运到营口，一切较可从容。此购器酌分缓急之情形也。一上海用款，可托阜康银号[②]转付。该号有王念劬兄，名叔蕃。与弟至亲，现已札委上海转运事宜。此次领饷，已属汇银二万交阜康代存，如年内须购各器，或须酌汇李星使[③]处托其定购各项应用之

---

① 扣：量词，用于捆扎成束的文件或帐折等物。

② 阜康银号：胡雪岩所设立之金融机构。

③ 李星使：即李凤苞（1834—1887），字丹崖，上海崇明人。同治初，得曾国藩、李鸿章等赏识，入江南制造局并翻译军事、外交等西学书籍。光绪初，率领海军留学生赴欧，又被任命为驻德公使，期间多次负责采买军火机器，其中包括北洋水师的定、镇二远。回国后，受贪污购舰经费之弹劾，遭革职，不久郁郁而终。此后的"丹崖""丹崖星使""丹翁"皆指李凤苞。

器，均可由阜康转汇。以后再有领饷之便，拟再以二万金汇交尊处，想闰七月内必可汇到也。一造火药之机器，暂可缓图，先购压水柜一具，并购小压水柜一具，以便制造火箭之用。又火箭所用药饼模子各件器具，亦须定购一副。一空筒、汽炉、汽机均可早定，如在二千斤左右，春末夏初尚可运吉，大约五月至七八月不宜转运也。一铜帽机器亦可缓购，先由津局代造手器，制造拉火之手器亦请由津代造。一切应用之物，均乞商裁酌定，无须一一函询也。一吉省并无宽大庙宇可以借用应度厂机，拟择江南隙地高燥之处，约在省城十里之内。离江近而不受水患者，即照所绘一图略为放宽，后面、旁面多留空地，以便日后扩充。委员、司事、工匠住房，此间木匠、瓦匠均可盖造，惟机器各房，非津地雇来熟手工匠，不能建造如式。一轮船所需木料尽可择用，有极细极坚之木胜于南中杉木者，价值亦不昂贵。惟匠工贵而且少，如津地雇来木匠，每日津钱六百文，饭钱在内。亦不为多。将来雇匠除给川资外，行路之日亦可与做工之日一律给价，以示体恤。一吉省缸窑离省不及百里，火砖不难制造。如建厂所用砖瓦，必须就近自开砖瓦窑较为省便。一铁矿、铝矿现已访得数处。炼铁不易，只可供寻常铁器之用，无益于机厂。铝样则成色甚佳，每两可炼净铝六七钱，未知铝苗能否畅旺耳。煤窑已开数处，水路可通，运脚亦不甚费，当可择而用之。一后门枪子机器目前暂不议及，仍乞随时留意，但须逐件拆开，每件不过四千斤者总可设法挽运。鄙意专重后门枪炮子弹，旧子铜壳亦可递装递放，然日后必得自制为宜。一哈吃开斯每杆价银若干，枪子每百价银若干，是否托丹崖星使购办，是否用上海规银[1]？均祈详示为感。

---

① 上海规银：又称九八规银、上海规元，一种交易过程中计算银两的单位，通常以九十八当一百使用。

致王筱云观察书　七月初九日

六月二十日详复一缄，七月初五日续布尺笺，谅均鉴及。顷筱舫兄出示手书，并读另折所开卷铜机器，又造四分五及一寸径格林炮子各种机器价值清单，至为详尽。格林炮子与后门枪子既可通用，此项机器必当订购，卷铜机器亦不可少。至营口水路可达开原，河窄水浅，重载恐不能行，如在四千觔[①]左右之器，可用十余套大车拉运，必可设法转运到吉。究竟在省设局呼应较灵，运费稍多，亦可一劳永逸。总之，笨重之器宜于冬运，路平费省，只须多派兵勇沿途照料，不致为难也。本年应领十万金，即全数归入机厂，亦无不可，炮台交九月即须停工，年内所费无几，尚可另筹，外洋购器先付三分之一，若明春运到，又可设法腾款。以两年之款设厂购器，则卷铜、造子皆可次第举行。分别缓急，惟大裁酌定，鄙人不为遥制也。宋渤生[②]兄夙所钦佩，如可来吉总理一切，可资指臂之助。徐、游二君皆少年好学，委令分司其事，与渤生兄必可相得。闻丁令[③]有才而不甚稳重，奏调来吉，拟令专司矿务或教习旗童算学测量等事，机厂事宜由渤生兄一手经理，可不掣肘，如渤兄有素所熟悉之人相约而来，尤所欣愿也。前

---

① 觔：即斤。

② 宋渤生：宋春鳌（1852—?），字渤生，安徽怀远人。光绪初，捐官入仕途，为李鸿章委派办理天津制造局，吴大澂赴东北后奏调其创办吉林机器局，后长期在吉林办理机器、矿务等事。民国后，曾任吉长铁路局总办。

③ 丁令：丁乃文，字友云，生平不甚详，原在李鸿章手下任事，以江宁候选知县被吴大澂奏调差委，李鸿章认为丁虽然粗通算法、机器，但是“师心自用”，所以吴大澂任用其为吉林机器局附属的表正书院正教习，即所谓“丁令有才而不甚稳重，奏调来吉，拟令专司矿务或教习旗童算学测量等事”。丁乃文著译颇多，集中于军事方面，有《子药准则》《炮法图解》等。后文有吴大澂复丁友云一信。

恳傅相酌借哈吃开斯，未知能匀拨若干否？前门枪能购二三百杆，亦乞示知为感。手泐，敬请勋安，不尽欲陈。

复德远庵都护书 七月十二日

昨接初七日靖边防营所发手书，藉悉一是。双玉①一营当即婉致尧山暂时不调，俟桂翁到京后，恩吉②果否调库，再行定夺。此时各营兵勇力役劳苦，当令休息数月也。珲春修营经费，桂翁给过银二千两左右，二军并未拨款，似亦未能平允。鄙意左路现在三营，酌拨营房经费二千四百两，右路两营酌拨一千六百两，当由敝处筹款补发，俟尊处备文来领，即饬粮饷处如数照发可也。塔城各营应补空额，前已咨请将军，由乌拉总管伯都讷各旗各挑一百名送省，计两处仅挑二百名，如再不敷，亦可续挑备补。至如山所挑拉林、五常堡、双城堡各处西丹，已于前日到齐矣。

致依尧山都护书 七月十二日

前商双玉一营暂调珲春，弟即函致远庵兄妥商办理。近日连接远庵来书，稍有为难之处，一因右路常福所统只有两营，若再调去一营，未免减色，一因该营弁兵修理营房劳苦数月，刻下甫经搬入营中安置妥帖，又令调赴珲春，跋涉维艰，益形劳顿。且恩吉原盖营房尚未竣工，双玉到珲尚须补兴工作，恐有劳逸不均之叹，亦系实在情形。鄙意俟桂翁到京，是否将吉省防军调赴库伦？如桂翁决意引退，此间各营可免远调，将来恩吉仍归旧部，较为妥协。前书有秋间再调之

---

① 双玉：生平不详，但知其曾在吉林任营总。

② 恩吉：恩吉（1855—？），吉林蒙古正蓝旗人，西丹出身，由库伦办事大臣喜昌派为库伦总理粮饷营务事宜，后任练军营总，长期在吉林军中任事。

议，亦恐时局或有变更，桂翁将敕所部千人留省候调，其行止未定，亦可概见矣。

致依尧山都护书

前闻随员俞长发[①]有把持公事等情，尚未深信。近日访知该员劣迹并有纳贿敛钱情弊，珲地兵民怨声载道。闻有图占民间已聘之女，私罚铺户养猪八头，杖责愚民乘马之人等事，未知确否。大约性情暴戾，其操守亦不甚可恃，已可概见。此等小有才具之人，信任过专必至夜郎自大，营中同事又不肯以直言上达尊听，若再优容姑息，恐与麾下声名有碍。弟亦深知用人之难，稍一放松则诸弊百出。以麾下之实心办事，体恤民情，而俞长发不知自爱，实属有负栽培之意，望将该员总理营务差使先行撤去，庶弁勇百姓皆知麾下恩威并用，明断如神，于营务、地方两有裨益。弟与麾下心性相契，指臂相联，不能不尽其忠告之忱，惟盼仁声遐播，惠我边氓，此弟所日夕祷祀以祝也。营中应挑补额兵丹，应否由尊处派员前赴各城自行挑选，或由弟处就近代挑精壮西丹，派员送珲以足兵额，尚祈示复数行为幸。

复王筱云观察书 七月三十日

七月初五日曾布一缄，未知何日达览。廿三日接初十日复函，承示分年带办不若通盘打算之约计，洵系确论。丹崖星使自德国购来造子全副机器，并碾铜片在内，价银三万六千两左右，水脚运费在外，务请傅相函致丹翁即为购定。所领部拨经费，前属委员提银六万两解至天津，即可由汇丰银号汇银四万两，迳交丹翁代为筹购。如造子机器均已齐备，封河以前能否运至营口？此器购定如探骊得珠，全局

---

① 俞长发：生平不详，江苏江阴人，彼时为都统依克唐阿随员。

已有眉目，所需手器自可酌择紧要之件陆续筹备。核计经费以两年通算，尚不竭蹷，遇有缓急，阜康尚可通融万金，弟已函致念劬，属为照料矣。粤省机器系造船所用，如他器有可通用之处，由阁下酌量择用，又可为吉厂撙节经费。傅相片稿已咨达鄙处，不胜心感之至。前拟厂屋图样规模稍隘，费神另绘一图，便中寄示为祷。筑窑造砖，当照来书所示尺寸先行开办，此间木料不难采购，弟等于此事不甚精细，须俟宋渤生兄到吉再与商办，年内亦可预为购备。铝矿、炼银尚未试办，烧炼焦炭之法未得其详，均盼渤生来此次弟筹办也。哈吃开斯兵枪拟先购千杆，可否援照十二两九分之价即托新载生洋行①电致美都，或作为津营添购之枪，当可不致增价，每枪带子三百亦可敷用，其价即由阜康就近代付。再再②前借神机营格林炮四尊，亦须由津代购，解送神机营，亦望转禀傅相一并代办为感。手复，敬请。初九日续布一函，想已鉴及。

复铭将军信 闰七月廿一日

昨晚奉到手示，未即裁答。大澂于四月中奉命督办防军，本不专指靖边一军，而谓向来体制，督办有专阃之责，不受地方督抚节制。巩、卫、绥、安四军本隶麾下，大澂不过参谋帷幄，藉效驰驱。今边防与地方画分两事，彼此各有专责，领饷奏销，自应各归各款以清界限，而公事往来仍可随时领教，所谓不分畛域也。部议云云，总因原奏有合而为一之语，似虑大澂受人挟制，不能自作主张，故此次片稿请会台衔，见长者并非别有意见，融洽分明，两不相背，京外物议亦无所短长。大澂自知才不胜任，如将来脱此重寄，各路防军必当改归节钺，一听指麾，此时不过代为整理耳。会稿二件奉上，仍乞裁酌施行，拟

---

① 新载生洋行：位于上海，专门经营英法德美等国军火机器代购。

② 此处疑衍一“再”字。

于明日拜发也。手肃，布复。

致喜桂亭书

如握。日前手复寸缄，由津转寄入都，计可先此达览。未知旌节何日北行，为国驰驱，勋躬劳勚，临风瞻望，企念弥殷。弟专候天津机局委员到吉商酌布置，拟于二十七日出省，重阳前可抵塔城。前挑拉林、伯都讷、乌拉三处西丹，分拨靖边左右路及巩字一军，共得三百五十余名，皆弟亲自挑选，年力精壮。塔城各营经远庵兄力为整顿，挑补更换，一律整齐，堪以告慰荩廑。尧山兄处亦拟另挑兵丹，汰去羸弱，尚未派员来省。各路营房、营垒均已竣工。贵部两营已分起陆续起行，昨接恩营官禀报，头起二百名已于十四日出威远堡门，军行顺利，兵丹亦恪守营规，殊堪欣慰。惟跋涉数千里，道远天寒，将士未免劳苦，尚祈随时体恤，督责稍宽，俾远征士卒同歌挟纩之恩，此私心所切祷耳。尊处销册有无更动之处，敬乞示知为感。手泐，敬请勋安。

复王筱云观察书　九月廿一日

八月廿七日详复一缄，计已鉴及。九月十三日接奉八月廿四日惠缄，猥以补官仆正[1]，吉语遥颁，辱荷拳拳，且惭且感。承示前次划还湘平银一百两，系沈、汪二员川费，与家叔来信相符。此款及拨解库伦之洋药、铜帽价值银两，合库平银一千一百四十两，当由此间粮饷处划交渤生，收入机器项下。以后尊处代付他款，随时由敝处划还

---

① 仆正：仆正，即太仆寺卿之雅称。光绪七年，吴大澂授太仆寺卿。

渤生，列入收款，较为简便。前属领饷委员刑部郎中彭筱圃兄[1]，由京汇还枪价及沈子卿[2]所借之八十两，俟收到后乞将八十两一款仍交春亭家叔[3]可也。粤省机器年内不及转运营口，惟子卿已由省启程前赴营口设局，俟其到彼布置周妥，明春开冻后陆续转运，较觉从容。子卿或回吉省度岁，亦未可知也。渤生携带湘平银二百两，即属列入局费项下。弟处已委陆经历保善[4]专司机器局支发事宜，渤生处应用银款即由陆经历就近支付，无须由鄙人遥制。以渤生之谨饬精详，秉承矩矱，遇事皆有条理，实为吉省得人之幸。刻下机厂地基均已购定，应刊木植亦已付价包刊，约须明年四五月内方可由江顺流而下也。徐倅以亲老不能远离，亦不敢相强。正作复间，又接九月初七日手书，藉悉芸田观察[5]代汇规银五万两，已于八月廿八日发电丹崖星使代订机器，亦已接到电覆，无任欣慰。哈乞开司千杆，每杆加银八九钱，合之原价十六两之数，尚省二两有余。将来此项兵枪到沪，即可由阜康王念劬兄照料搭运营口，敝处有委员在沪守候领解，乞转致芗林观察[6]为感。手复，敬请勋安。

---

① 彭筱圃：彭光誉（1840—?），字小圃，亦作筱圃，福建崇安人。监生出身，经吉林将军铭安奏调，赴吉林总理边防文案处事，后赴朝鲜勘议通商章程。张荫桓就任驻美、日、秘公使时，奏调彭光誉为参赞，崔国因留用之。1893年，又被派送前往美国参加万国公益会（即芝加哥世博会）。

② 沈子卿：生平不详，仅知吴大澂曾委任其总理营口转运局事务，后协助盛宣怀办理汉阳铁厂、浏醴萍矿务。

③ 春亭家叔：吴大澂之从叔。

④ 陆经历保善：陆保善，生平不详，长年在直隶为官，曾任望都县知县。

⑤ 芸田观察：顾长龄，字芸田，生平不详，浙江钱塘人，在李鸿章手下任事。

⑥ 芗林观察：刘含芳（1840—1897），字芗林，安徽贵池人。同治初，随李鸿章淮军镇压太平天国、捻军，后长期在华北经营武备，参与天津制造局、水雷学堂管理，负责旅顺等处海防、船坞设施的建设。甲午战争时任山东登莱青道，无力阻止日军进攻，愤而回乡。

再前恳代制银饼模子①，想已鉴及。兹有恳者，敝步②各军操演阵法粗具规模，鄙意枪法以准头为要，拟令各营专心练习打靶，比较优绌。闻盛军向有钢板铁靶，大约一尺六寸见方。比灰包尤为实在，丝毫不能含混，以此考校准头，可见真实工夫。费神代制钢板枪靶五十副，另制一尺见方者二板，俟明年二月间运至营口，不胜感祷。弟又顿首。

上合肥相国书 腊月八日

敬启者，十一月初三日在宁古塔城奉到十月望日手谕，谨聆一是。适因次日赴乜河阅操，雪岭冰江，驰驱未息，由塔赴姓，由姓旋省，仆仆二千余里，日短途长，天寒墨冻，久未肃缄，上叩起居，当蒙垂谅。承询商定防饷确数，前阅宁古塔各军操演，因靖边右路右营营哨各官均不得力，与统领常协领不甚融洽，因即裁撤一营，每年可减防饷四万余金。现拟奏请将撙节饷银留作试办屯田之用，商诸鼎帅亦无异议，不日会衔奏请，或可仰邀俞允也。海参崴请设理事官一节，前接总署复函，抄示劼侯③与俄外部问答节略，与钧示意旨略同，当即会同将军奏派秋亭前往，仍令兼顾珲春招垦事宜，亦于回省后一并拜发。将来应建公所及岁支公费银两，此间无可仿照，敬求饬查日本前设理事官原案章程寄示，大略似应照日本酌量核减，亦未便过于简陋也。朝鲜使臣所述互市供亿之累，亦系实情。详细访查所换货物，以耕牛为大宗，而朝鲜牛种不如吉林本地所产，此外如海参、皮张、粗

① 银饼模子：银饼即银元，银饼模子即刻压银元的模范机器。

② 步：疑为“部”。

③ 劼侯：曾纪泽（1839—1890），字劼刚，湖南湘乡人，曾国藩次子，承袭曾国藩一等毅勇侯之爵位，故称“劼侯”。曾纪泽由荫生入仕，充出使英、法、俄等国大臣，回国后长期担任总理衙门大臣，处理外交事务。

纸，皆非必不可少之货，请停互市似于吉省毫无窒碍。或请于近边百里内准民间自相贸易，在外藩可省浮费，而商货仍可通行，但使礼部不拘泥向章，自不妨因时通变。前因秋亭查明朝鲜贫民占种吉边旷地，大澂商诸鼎帅，会衔奏恳一体领照纳租。薄海穷黎，莫非天朝赤子，而礼部历引成案，以尽数招回，重申科禁为正办，仍请饬令详晰筹画，求有利无害之方。不知弱小藩邦，边荒尺地，有何利害可言，自当据实覆陈，稍驰边禁，为朝廷宣播德意也。大澂于前月中旬由宁古塔至三姓，冰道爬犁，昼夜兼行，从者数十人，皆在雪中野宿，幸人马无恙，贱躯亦尚耐劳。孝侯所部五营操演精熟，为诸军之冠，洋枪打靶全中者十居其八，边徼新军殊未易得。近又派队入山搜捕马贼，屡获巨魁，吉黑交界地方渐就肃清。今夏掳人勒赎之案层见叠出，匪党聚至七八十人，山深林密，窟穴甚多，今已次第歼擒，余匪不过十余人，易于清理矣。安圃同年[①]闻已由吴入都，当属舍弟随时佽助之。肃复，敬叩勋祺。

复王筱云观察书 腊月初九日

冬月初八日在宁古塔乜河营盘接读十月十三日手书，适赴三姓阅操，仆仆二千里，日短途长，天寒墨冻，不能握管作书，致稽裁答。昨日又由渤生处交到惠缄，谨聆一是。梅阁称觞，远道无以将意，区区微物，尚荷齿芬，益增愧悚。管解铁匠二员，计日内当可到吉。汪

---

① 安圃同年：张人骏（1846—1927），字千里，号安圃，直隶丰润人，张佩纶之堂侄。同治七年戊辰科进士，与吴大澂同榜，故称同年，历任各省布政使、巡抚、两广总督，辛亥革命时为两江总督，避出南京城，进入民国后在青岛、天津等地作寓公。

州判钧泽[①]已来谒见，代给川资，将来汇总函告渤生，可由此间分别归还，并请专派司事一二人经管支收款目及点查机器各种物料，月给薪水，即乞酌定若干可也。粤省解到机器，俟明春陆续运存营口，设法转搬。哈吃开司兵枪价值先付定银六千，铁条钉付价二千，均由念劬备文申报矣。孝侯另购哈吃开司四十杆，俟到齐一并核付。前有委员沈大使咸喜乞假南归，属其在沪守候，此次购枪押解来吉，如明春到津有应运之件，即乞转饬沈大使随同照料亦可。承示银饼制造铜模之法，至为详细，惟大小轻重之间如何较准，自非易易，弟于此中甘苦，茫然不解其故，幸随时赐教之。购枪购炮之费，均已于防饷内提出汇存上海，购到即付，如存款或有不敷，亦由阜康代垫，可无迟误。手覆。

再前月刘建棠[②]进京领饷，并将明年春季应领机厂经费银五万两备文请领，未知年内能否领出。拟再提银三万两解交贵局，可否由尊处派员到京接领回津或由阜康转汇？如津地通用卫化宝[③]，应照原领宝银升色，可省汇费。倘不合算，无须汇兑。请即函谕建棠遵照办理。弟已致书建棠，俟关领有期，即属就近请示定夺可也。如寄建棠书不知其寓处，即交阜康转交。昨委副将吴永敖、从九傅廷翚前赴山东登、莱、青所属招募屯兵，应给经费银一千二百两，属其过津晋谒台端，望为代付湘平银一千二百两，已将此间领款划交机器局，省得由票庄汇兑，有稽时日也。奉致一缄，已交吴副将面呈矣。弟于初二日回省清理积牍，年内亦不得闲。再颂岁祺。

---

① 汪州判钧泽：汪钧泽(1848—?)，江苏人，生平不详，但知其曾为河南归德府宁陵县知县。

② 刘建棠：不详，但知其时为知县、后路转运委员。

③ 卫化宝：一种银两成色单位，通常在天津使用，即天津卫所化元宝之意。含银量较十足纹银少，为九九二色。

复王筱云观察书 腊月十一日

初九日沥复一缄，并有寄京家信，想二十前必可达览，翁、周二倅管带铁匠，亦于初九日到吉，接奉冬月初三日手书，详示种种，至感至感。所定哈乞开司兵枪及格林炮合同二纸，又丹崖星使代购机器合同单，谨已领悉。承代给铁匠皮袍、皮帽、皮袜等及饭食川资各项，又给粤省解运机器委员川资银三十两，至为周密，感佩莫名。翁倅朴实耐劳，当即委令专司冶铸事宜，俾与各匠可相融洽，周倅亦即留营差委，以资历练。将来铁苗[1]如果畅旺，亦只能供农具锅炉之用，此举为便民兴利起见，于机厂无甚用处，或盖厂所需铁钉等类略堪择用也。春亭家叔来信，尊处所交八十两已经收到，阜康汇去枪价银两亦已归款。今日由渤生交来大沽炮台图式二纸，又全图一幅，清折二扣。沪闽津三局第一起奏销成案，当抄录一分交渤生存局，以便将来援案列销，荩筹周至，感何如之。致家叔二函，乞为饬送。手复。

致李秋亭书 腊月十三日

前接舍弟来书，知仲敏请领免单有私带货物，谓少年人不知大体，颇不为然。今阁下为国宣劳，驰驱鞅掌，声望日隆，前程远大，不独弟等获指臂之助，即边土商民亦皆有望君如岁之心。以后往来珲、崴两地，务祈坚持定力，专意从公，于商贾锥刀之利不稍牵涉，义利公私截然划清界限。吾辈存心如此，自然无欲则刚，中外官民翕然敬服，名臣事业彪炳一时，不独为吾党增光也。弟所以发此迂论者，亦见近来大员每喜行商获息，贤者不免，无论得不偿失，即拥厚赀，亦为识者所訾笑。寒家本系世鬻，二十年来不复问津，亦于此中盈虚消长

---

① 铁苗：即铁矿。

参透机关，此鄙人阅历有得之言，愿为执事陈之。乞垂察焉。

复德远庵书　腊月十六日

别后忽忽一月有余，风雪驰驱，劳人草草，以致笺候久疏。日前接诵初五日惠缄，二站一带应建大小木桥三十六处，经麾下亲临履勘，至为周密。小桥木植就近采办，尚不费事，大桥所用之料，相隔八十余里，运费较多。拟请择要兴工，派弁先行购运，当属支应局预备银五百两，俟尊处有便差来省，即行拨交带呈。或塔城各铺有可汇兑之处，由省划还，尤为简捷。至俊卿、如山所禀情形亦大同小异，张广才岭一带工程尤大，需费更繁，已分饬粮饷处支应局另行拨款矣。弟自初二日旋省后，会商奏稿，清理文书，半月以来倍形历碌，知关注念，谨以附陈。手复，敬请勋安，祗贺年禧。

复潘振声[1]书　新正六日

腊月初七日接诵手书，藉稔台从于冬月廿六日由塔启程，前赴三岔口察访民情。想招携怀远，舆诵翕然，俄界流民亦必响风慕义，有奔走偕来之乐。秋亭在双城子招民百余户，业将花名清册移送尊处。闻该处旧有城基，鄙意宜先就城垣附近地方安设村屯，使烟户有所归束，将来可成集镇，即设官建署，可与居民联络，不致零星四处，散漫无稽。然民情往往不愿聚处，各就其所耕之地盖立窝棚，左右邻居相

---

① 潘振声：潘民表（？—1902），字振声，江苏阳湖人。同治年间举人，光绪初年尚未入仕，即办理义赈，救济丁戊奇荒中的灾民，或由此结识吴大澂，随至东北任三岔口招垦局主办委员等，后在山东陕西等地为官，不忘救济各种灾民。光绪三十一年，办理官窑事务，因有下属贪墨之事，自愤用人不当，服毒自尽。

隔在十里八里之外。遇有盗贼劫掠等案，彼此不能相顾，殊非古人守望相助之义，是在执事曲为开导耳。前见柳树河民人孙云文，属其广为劝谕，其人似尚明白正派，可供驱策。勇目朱德馨久在三岔口，熟悉情形，弟亦令其领地垦荒，无须召集炮手，盖练勇不能不敛费，或非众情所愿也。界外远来之民，如有穷苦不能自给者，每户可给盖房银八两。此款作为弟等捐项，随意酌给，日久户繁即行停止。若开支公款，部中不能报销，且一律普给，所费太巨，只能以私捐津贴，或有或无，不致贻人口实，乞执事斟酌行之。前交云文等带去白面，即为阁下备办，恐该处居民存粮无几，即照时价购买，亦非易易，由塔城陆续转运，亦为恤民起见也。弟拟于开印后，由省赴塔，二月初间当至三岔口一行。地势民情，非亲历不知其底蕴。一切布置，统俟面商办理。手此布复，敬颂春祺，藉璧芳版不具。

复刘芗林观察书 二月初十日

正月初八日奉到去腊廿五日手书，详示种种，并蒙寄到克鹿卜炮位价目一本，至为心感。因马克、看罗美搭[①]闻所未闻，非细心考核不能知其大略，是以迟迟未复。孝侯来信钞寄尊札，同深铭佩。孝侯之意，四磅行炮[②]，力较大而更准，车套虽长，吉省道路尚可拉运，仍照原议订购四磅行炮为宜。如三四月间斯米德[③]到津，费神代立合同，订明四磅炮车十六尊，其订价在津在沪均可付给。炸弹、子母弹、群子炸弹，拟每炮每种各带百颗，未知尊意以为然否？来书拟属斯米德携带图样、价本来吉面议。此次订炮无须周折，将来各炮台应用守台炮位大小、远近、尺寸，弟亦漫无把握。如斯米德来吉，与之详细较

---

① 马克、看罗美搭：马克即德国货币，看罗美搭即公里（kilometer）。

② 四磅行炮：能发射四磅炮弹的行营炮。

③ 斯米德：德国军火商人，当时北洋军械多由李凤苞通过斯米德购买。

量，亦可增长见识，为秋冬续订守台大炮地步，望与商议及之。何时可来，望先期示及为感。再宁局所制两磅后膛钢炮，敝处尚拟添购十六尊，以便分拨各营操演之用，可否请函致宁局代为一订？如须备文，随后再咨。至祷至祷。手复。

复郭梯阶书　二月二十二日

梯阶大兄大人阁下：昨接初十日惠缄，藉悉种种。营官库安邦、帮带富勒浑既蒙依都护复还翎顶，应令遇事勤慎，益加奋勉，按期操演，毋得颟顸疏懒，是为至要。马队勇丁，亦宜仿照步队一律打靶，俟立地枪靶准头打至八九成，略有把握，再用马上工夫。从前一马三枪之法，又须变换。鄙意以为，跑马打靶不如立马打靶之尤见工夫，盖跑马之时马迟则中，马快则不中，若缓步徐行而中三枪，甚属可笑，故跑马之中与不中，甚不足凭也。五人班、嘎雅河、德同三处既有驻队，似和尚窝棚无须派兵驻扎，土木之功只宜从简，不必铺张糜费。前在省中晤赵松岩大令，与之商酌，白草沟之会今春宜即撤去。五人班、荒片一带民户均出白草沟会费，民力不支，啧有烦言。朝廷岁拨巨款添练防军，值此边境无事之时，岂零星小匪尚不能为地方清理，仍须百姓出钱立会，吾辈素餐，未免滋愧。若谓兵勇不能搜山，不能徒步越岭，非本地熟悉情形之人不能购觅眼线，此鄙人所不信也。会中即有好手能拿胡匪，何不可访求数人，令其补入马队乎？望麾下拣派勤能精细之督队官一员，带勇十名，或在荒片驻扎，或即住白草沟，以扼东山胡匪出没之要路，务须严谕不得丝毫骚扰百姓。令其不时携带干粮，酌带三四人，改变跑腿民人，至东大山青林子内与参营各窝棚联络浃洽，如有胡匪在山，密属参营送信。切不可误听谣言，贪功妄拿，又不可以参营为通匪之人，逼勒导路，此二层最为紧要。山中人不怕胡匪而怕官兵，皆因官兵不能获匪，辄以民户为藏匪，焚其窝棚，兵去而匪来，更以民户为官兵眼线，又焚其窝棚，故官兵一到，两面受累,各处参营情愿供给胡匪而不愿官兵深入大山,皆为此也。派去之人先要明白此等情形,细心察访,知鄙人之用意。为保护参营起见,只要与荒片、五人班一带民人渐渐熟悉,相安无事,与各处参营时常来往,稍有动静,蜜[1]拿一二人,该匪必不敢出山劫掠矣。如果该弁小心谨慎,不负差委,夏秋之间,地方安谧,匪党敛迹,弟当随时给赏。倘办理不善,转致扰民,道路怨言,敝处必有所闻,亦必从严惩办,不稍宽恕也。此事并望函致赵松岩,互相关会为要。手复,敬颂台祺。

致宝竹坡侍郎[2]书 二月廿四日

竹坡仁兄同年大人阁下:客岁秋冬,驰驱鞅掌,迄未少闲,腊月旋省后,清理积牍,头绪纷如,于酬应文字辄多疏阔。同年道义之交,又不欲以泛常笺启上渎典签,前属舍弟代达下忱,当蒙亮察。每于邸报中得读大疏,仰佩公忠,喜朝廷有骨鲠之臣,中外切斗山之望,能文如永叔,故举笔皆规,纳谏如魏公,以至诚说理。主圣臣直,千载一时,夫岂偶然哉!大澂以书生习戎马,本非所长,然受恩至深,责成至重,不敢不殚竭血诚,力除积习。日与将士蒐讨军实,悉心考究,觉今日讲武之难,更非昔年可比。目前虽无战争,实不可一日忘战。数月以来,躬自教督,幸尚不致松动,而操演枪炮,子无虚发,非三五年不能呈效。若徒务外观,不求实用,即养兵十年,缓急仍不足恃,此大澂所以日夕惴惴而不敢少图暇逸也。宁古塔东南边地不乏膏腴,俄人觊觎已久,不亟为从远实虚之策,势必潜图侵占,日久难以理论。去腊派员赴登、莱、青各属,招募朴实务农之乡民数百人,春暮当可抵吉。

① 蜜:当作“密”。

② 宝竹坡侍郎:宝廷(1840—1890),字少溪,号竹坡,宗室。同治戊辰科进士,吴大澂同年,历任翰林院编修、国子监司业、内阁学士、礼部侍郎等。因充乡试考官时纳船娘为妾,自劾去官。

大澂拟于月初前赴三岔口，亲自履勘，安设村屯。该处距城较远，中有三四百里绝无人烟，往来无栖息之所，须节节分屯招垦，以通脉络，非竭力经营一二年，不能有起色也。俄界华民多愿迁居界内，领地开垦，有来求见之人，辄以温语抚慰之，民情颇形踊跃。彼以势迫，我以诚求。鄙意联众志以固边圉，亦中国自强之一道，尊意以为然否？手肃寸笺，略布近状，敬请荩安。不尽欲陈。

复丁友云书　二月廿五日

去秋九月廿一日，在宁古塔城接诵八月朔日惠缄，知从者荣旋珂里，恐复书无从寄达，是以久未裁答。正月廿四日又接十一月初八日上海来函，承示孟噶南士样石[①]二包，图说一本，当交制造局宋渤生兄，属其留意觅访。惟吉林铁矿甫经派员履勘，尚未开挖，煤窑虽有数处，均系招商承领，此等石质恐一时难以辨别，非精细明练之员随时察访，不能探骊得珠也。此间应用后门枪炮，须于防饷内陆续匀款，分年购办。奏设机器制造局，专为自制枪子炮弹，源源济用，不致缺乏。至枪炮利器，如德国之克鹿卜厂，美国之哈乞开思兵枪，十三响呍啫士得马枪，皆殚精竭虑，历经试验而成。此精利之器，无论中国士大夫之精神才力不能出其右，即他国各厂争奇斗胜式样翻新，数十年后亦不能出此范围。鄙人于西学未经深考，而各国所制之器细心比校，择其至精者而专一守之，不复好异思迁，亦不欲自作聪明，舍人之长而护己之短。故弟之愚见，得力之枪炮决计购自外洋，中国仿造未必遽有成效，而子弹尚可自制，究竟易于学步耳。前请部拨经费每年十万两，为机厂、炮台之用，原拟规模甚小，本无大志，亦不敢稍事铺张，致糜费多而实济少。此鄙人斤斤自守之意，非安于小就而不图扩充开展之计也。福建船政局用款最繁，造就人才亦复不少，金

---

①　孟噶南士样石：当为某种矿石样品，疑为磁铁矿石（Magnetite）。

陵、津、沪各局，南北洋主持其事，抽拨经费一层万做不到，无论他局不能相顾，即合肥师相于边事至为关切，视同一家，而欲挹彼注兹，亦未必慨然应允，徒费笔墨而已。机厂所需木植，已于去冬入山采运，三四月间土脉全融，即可兴工，年内能否落成，尚无把握。订购造子机器及各种料物，均由津局王筱云观察代为经理，颇资指臂之助。现拟在省城创设一馆，遴选八旗子弟令习算学测量及各国文字，惟盼执事早来商办一切，无任企祷。手复。

复潘振声信 二月廿六日

正月廿四日接诵初六日来缄，详悉种种，适于廿六日匆匆出省，未即泐复。二月初五日抵塔，晤秋亭太守，询悉情形，不胜欣慰。万鹿沟建设绥芬县城，形势相宜，已由鼎帅主稿会奏，月内即可拜发。登、莱、青招募屯兵尚无消息，计三月内当可到塔，四五月间尚可赶种杂粮。高丽换牛今年开市较迟，牛只多有受病，能换若干，尚未接珲春都护来信，恐屯兵所用不敷，未能兼及民户矣。派兵修道一节，现因塔城赴省驲路[1]亟应修垫，早于去冬派定，兵力尚不敷用，势难兼顾他处。弟拟三月初十左右，由穆楞河一带察度地势，望后可抵三岔口。闻近来领地之民陆续前往，由省城东来者亦复不少，若俟丈量齐集始行给地，恐误耕种之期，不妨先行指地开垦，将来逐段补丈，续给执照，亦推广招徕之一道。尊处所需书识，省中无能吃辛苦之人，殊不易觅。敝处有生员黄翰森[2]，朴实耐劳，特令前来试用，如果相宜，由阁下禀请，作为清丈委员可也。带去马一匹，以供驱策，省中购马殊不易带。手复。

---

① 驲路：即驿路。

② 黄翰森：生平不详，贡生，后为三岔口招垦局丈量委员。

复晏海臣农部安澜书　二月廿七日

数年不通音问，极深系念。今日接去腊初九日手书，藉稔文旆到京，琴祺骈吉，至为欣慰。兄自到吉以来，瞬将两载，练兵粗有规模，尚须精心考校，招垦亦渐推广，势难克日呈功，幸各局办事人员尚多朴实耐劳，无向来军营习气。惟边地苦寒，人多裹足，防军既无保案，地方又不准奏留，随营差委别无出路可图，殊不足以鼓励人才。吾弟供职农曹，不宜久假在外，积资积俸乃自然之坦途，京官艰苦固不易支，譬如寒士居乡，以训蒙为业，穷年矻矻，所入几何，又将何以自立？凡事退一步想，知足常乐。少年吃苦乃分内之事，惟有节衣缩食，卓然有以自守，庶不为境遇所困而其气自壮。即他日扬历中外永无不足之时，必先有范文正断齑画粥之志[①]，然后有天下为己任之怀。陈文恭公[②]常云："学问须看胜我者，境遇须看不如我者。"京师为人才荟萃之地，尤须广求明师益友，是为至要。令祖之所期望，至远且大，不在目前之丰啬也。手复。

复戴孝侯书　二月廿八日

昨晚接诵十四日手书，承示山中编号清查事宜，分投举办，凡入册者皆给腰牌，已领去千余面，不胜欣慰。此等事得人则理，殊未易言。珲、塔交界之东大山有参营百数十处，绵亘数百里，窝棚均极零

---

① 范文正：范仲淹(989—1052)，字希文，河北真定人，宋代名臣，谥号文正。其年少读书时，有划冷粥四块，早晚各二，就腌菜而食之事。

② 陈文恭公：陈宏谋(1696—1771)，字汝咨，广西桂林人。雍正元年癸卯恩科进士，曾历任各省布政使、巡抚、总督、各部尚书，官至东阁大学士，谥号文恭。

星，难以稽考。胡匪出没，皆参营为之接济，每年需索甚苦，不敢使官兵知之，恐官兵进山不能搜捕，兵去而匪来，其虐更甚。去秋访知山中匪类只有五六人，拟仿尊处办法编号分查，苦无经理之人。卫军哨官中绝少精细之干弁，尤恐办理不善，转致扰累良民，此亦意中之事。明后日至乜河，拟与鲍小圃商之也。塔、姓通路须安马拨，搭盖房屋，尊意拟于各营添置做工器具，经费内挪有余以补不足，亦慎重公款之意，如有不敷，当再酌贴。前致芗林书，托其订购克鹿卜厂内七个米生的美搭来福后膛陆路车炮①十六尊，炸弹、子母弹、群子炸弹每炮每种各带百颗，每弹重九磅有零，与来示正合，原价、尺寸、轻重，属局员合出抄呈台览。又查价目内有十五生的美搭来福后膛②城上并城内外炮台炮一种，弹重六十四磅三分，又有一种与前同名，弹重八十二磅八分，大约即来书所云二十四磅炮也。奏报入山搜匪一稿，在省匆匆未办，来塔后始行草就，咨请鼎帅会衔，尚未见覆。贵体宜节劳寡思养气为贵。手复 。

复赵松岩书 三月十二日

初十日接展初四日惠缄，承示拨兵驻守宜在五人班地方，并近戛牙河之夏家店一带均属由塔赴珲大路扼要之区。该处本有卫军马队常川驻扎，近又严饬郭副将务须遴派勤明稳练之弁，不准妄拿滋扰。如与民情不甚融洽，尚祈阁下随时示及，多一耳目即多一约束之人，彼此无分珍域③，弟亦不许营哨各官袒护本营弁勇，但期于地方有益而已。百草沟、大小牡丹川等处民户仍愿捐赀办团，酌练勇丁数名，就近

---

① “米”为“半”之误，“生的美搭”即 centimeter（厘米）之音译，七个半生的美搭即 75 毫米，此处指克虏伯 75 毫米口径后膛行营炮。

② 十五生的美搭来福后膛：即 150 毫米口径线膛后膛炮。

③ 珍域：当作“畛域”。

侦巡，亦甚妥协。汪清戛牙河一带民户，令将去岁办团之费交完即不再捐，该民人等必益感颂盛德也。弟近派巩军营务处鲍丞兰微[1]、贡生胡传[2]、都司胡世贵[3]携带素册，前赴东大山内，将各处参营大小窝棚编查一次，令其连环取保，每人各给腰牌一面。如有不安本分之人向各窝棚勒索盐粮，即令递相传报，由守卡官弁带勇进山，密拿严办，其情愿自新改邪归正者，随带出山，量为安插。鲍、胡诸君素知大体，能耐劳苦，当可细心稽察，不致多事也。

复戴孝侯书 三月廿八日

二月廿八日泐复一缄，忽忽已匝月矣。顷胡守备来塔，带到三月十六日手书，乃前函尚未达览。此间与省中往来函牍四五日可到，由省递姓颇形纡折，马拨不可不设。前与俊卿言之，属其派员查看道路，由乜河至营门石归巩军拨勇，大约须六七处，每处拨马勇三名，营门石以东由绥军安拨六处，可达姓城矣。袁生绘图略阅一过，才大心细，令人赞叹不已，所注三岔口至塔各段可安台站、可立屯垦之地与鄙见悉合。去冬派吴副将永敖赴登、莱、青各属招募屯兵，至今尚无到厂消息，过此以往，蔬谷皆不及播种。今春由省东来之农户络绎于道，不下千余人，皆愿赴三岔口利其沃壤而不愿充当屯兵，恐受束缚，不能自择膏腴之地，亦人情之所同。鄙人所定屯兵章程，人给一牛，五人共给一车，授田各二十垧，永为己产，不收荒价，本年月给口粮银

---

① 鲍丞兰微：鲍兰微，安徽寿州人，生平不详，捐官入仕途。

② 贡生胡传：胡传（1841—1895），字铁花，号钝夫，安徽绩溪人，胡适之父。早年在上海求学，入龙门书院，后经张佩纶等人推荐跟随吴大澂在东北、广东、海南等地任事，又奉旨前往台湾巡视营务，《马关条约》成，内渡，至厦门病殁。

③ 都司胡世贵：胡世贵，生平不详，但知其参与镇压太平天国，获得军功，后在湖南因冒领口粮事被革职。

二两，明年为始，月给一两，农隙调操两月，略与卓见相同。所拟不为不宽，而民情疑虑，仍多裹足不前，仅得截留二三十人，已派员率领，前往钓鱼台之东，古榆树、胡密力岭等处，先设一二屯。又雇短工二十余人，派戈什中熟谙农事者送至细鳞河，开地数垧，酌盖窝棚两所，有屋有地，不患无人看守。若辈乐于受雇，而不乐于领地领口粮，所谓无根之草，不自为久长计也。日前天气甚寒，新草未长，马匹不能放青，因此迟迟尚未成行。兹定于初六日由塔启程，履勘设屯之地，直抵三岔口，往返约二十余日。将来穆楞河两岸垦地必多，钓鱼台可成市镇，刻下不令设屯者，先难后易，俾无趋避之心，若一律给牛给车，则人之图近便而中道仍不可通。三岔口争先领地，不招而自集，今年约可增一二千户，隙地必皆占满，所难者中间绝无烟户之三百余里。其实渐推渐广，有土必有人，特亟而求之，较为费力耳。来书谓山海关营口一带招人较易，每岁宁锦道上直民东民往来甚多，今冬续募屯兵，即不复远求。俟三岔口一路办有规模，明年推广行之，蜂蜜山僻道亦可渐通矣。炮台基址似须挖去数尺，下钉桩木，再筑素土台心，层筑层硪，较为坚实。前拟珲春试筑小炮台，由鄙人酌定图式、做法咨送依尧山都护处酌量兴筑，因尧山、梯阶均未考究，茫无主意，不能不示以大略。至尊处应建实心炮台作半边月式，本可因地制宜，但取各处做法详加考较，斟酌增益，出自大裁，亦不必尽拘成法也。灰木铁器料物自应陆续购备，已饬支应局拨银四千两，交胡守备运解回营。敝处有新修船只可用，到姓后即留营中，无须送还，七八月间由塔赴姓阅操，亦拟乘舟而下，由山路而归，上水牵舟，大不合算矣。帐棚先发一百五十架，余俟续制再行补足。铁靶已制就，由津局运至营口，不日可到。操枪专打下步之说，亦颇近理，惟演练愈难则工夫愈进，方靶较窄，高下左右均须用心，心光眼光间不容发，练至纯熟，则操纵由我，或高或下，皆无不可。兄试放数月，略通此中三昧，并晤得早晚阴晴目力均有不齐，如日光在左，则线路逼而向右，略偏左边，方合准头。此理甚确，屡试屡验，乞与诸将言之。至高下不能一律，皆心粗之故。然快枪可操券，而前门来福枪则微有参差，不能悉合也。姓城官兵公送陈营官赙金，其情可感，当于通函时谢之。塔城已设牛痘局，熟手只一人，尚难分拨。

前拟《珲春炮台图说》，附呈一阅。

上合肥相国书 四月朔日

敬再启者，两奉钧咨，颁示疏稿，情词迫切，妇孺同悲。际此中外多故之秋，北洋重任，畿辅要疆，非吾师威望镇慑，不足以上慰宸廑，想廷旨从权，亦出万不得已，内外臣工决无异议。惟大澂私心默祷，窃愿圣明俯顺孝思，不复以地方繁琐事宜上烦荩画，专任吾师以三口交涉事务，兼督淮部各路防军，犹是金革无避之义。揆诸忠臣孝子为国为亲之本意，亦觉理得心安。振帅[①]讲求吏治，事同一家，本可不分畛域，萧规曹代，近秉訏谟，亦可有裨时局。第粤海岩疆，与越南为唇齿，恐非泽帅[②]所能胜任，此朝廷慎简之怀，不能无顾此失彼之虑也。大澂拟于初六日由塔启程，前赴三岔口一带，经理屯垦，抚辑边氓。数百里荒山僻壤绝无人烟之地，亲率耕夫数十辈，肇牵车牛兼储粮草，竹头木屑均须躬自料量，俨然就汉二千石之职。营务、地方均尚静谧，堪以告慰垂廑。振帅何时抵津，瞻望幰帷，无任依恋之至。

---

① 振帅：张树声（1824—1884），字振轩，安徽合肥人。咸丰初年，随父在乡办理团练，抵抗太平军的进攻，李鸿章筹办淮军时，即统带一营任营官。此后以军功，历任直隶按察使、江苏巡抚、两广总督等。中法战争起，指挥淮军入越南作战，未几，病殁于广州，谥号靖达。

② 泽帅：裕宽，字泽生，生卒年不详，满洲正白旗人。历任陕西按察使、河南布政使、广东巡抚、河南巡抚等职。此时为广东巡抚，与张树声一起布置防务。

复崔季芬军门[1]书

终岁驰驱，风尘鞅掌，往来书问，未获手裁，知老兄之垂念殷殷，亦犹弟之望风怀想也。吉省新练防军不及一万，巩、卫、绥、安马步十三营，系弟与鼎臣将军会奏请添，岁拨防饷银五十万两。靖边中、左、右三路，马步七营，系喜桂亭兄续请添练，多系本省八旗西丹。他军则旗汉各半，淮军旧勇约有十之二三。自桂亭调赴库伦靖边，各营统归敝部，分扎宁古塔、珲春、三姓各处边要地方，练习洋操，规模粗具。惟绥、巩两军马步均尚整齐，营哨亦多得力，其余尚难一律。又以筑垒、修城、造桥、垫道、起建炮台各项土工，事事借资兵力，两三年内尚难告竣，畚锸兼施，不免有妨操演。鄙意枪炮利器以准头为重，线路不准则子多虚发，阵法变化徒取外观，实不足以制胜。现定三、六、九打靶，以一百六十步为率，来福枪不能过远，远则不准，若后门快枪，即二百步外，亦有准头。弟亲自练习，数月以来，深知此中甘苦，无论统领营官，均须以枪靶考校其功夫之深浅。至各国所制后门枪，总以美国为最精，马枪中之呍啫士得，步枪中之恰乞开思，实属精利无比。譬如洋表之有播威[2]，颠扑不破，即后来愈出愈新，亦不能出此范围。盖枪法只有三要：手法要快，力量要远，星斗要准，舍此三者，别无巧妙，故敝部购枪专以此二种为主。或云西人制作灵变，必更有出乎其上者，此鄙人所不信也。后门炮则以德国之克鹿卜炮为最精，弟处现在定购尚未运到，苦于经费不足，只能逐年腾款，陆续购备。若无精利之器，虽有良将，亦无所施其技能，此目前之军事，实非从前剿办发

① 崔季芬：崔廷桂(1833—?)，字季芬，江苏铜山人。咸丰初年，投军参与镇压太平天国、捻军等役，后官至河北镇、南阳镇总兵，参与河工之事，因其贪污河工经费，于光绪二十五年被革职抄家。

② 播威：瑞士名表品牌(Bovet)，清代中叶即传入中国。

捻之比矣。边地闲荒，大半膏腴，招民开垦，速效难求，幸委员中尚有一二循吏为民情所爱戴，远近闻风，络绎而至，户口或可渐增也。手泐寸笺，略布近状，尚望教其不逮而策励之。幸甚幸甚。